"读原著·学原文·悟原理"丛书

《家庭、私有制和国家的起源》
这样学

孙熙国 张梧 | 主编

张艳萍 | 著

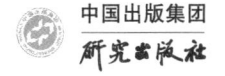

中国出版集团
研究出版社

图书在版编目(CIP)数据

《家庭、私有制和国家的起源》这样学 / 张艳萍著. -- 北京:研究出版社,2022.4
ISBN 978-7-5199-1188-1

Ⅰ.①家… Ⅱ.①张… Ⅲ.①《家庭、私有制和国家的起源》- 恩格斯著作研究 Ⅳ.①A811.24

中国版本图书馆CIP数据核字(2022)第050161号

出 品 人:赵卜慧
出版统筹:张高里 丁 波
责任编辑:朱唯唯

《家庭、私有制和国家的起源》这样学

JIATING SIYOUZHI HE GUOJIA DE QIYUAN ZHEYANGXUE

张艳萍 著

研究出版社 出版发行

(100006 北京市东城区灯市口大街100号华腾商务楼)
北京中科印刷有限公司印刷 新华书店经销
2022年4月第1版 2023年1月第3次印刷
开本:787毫米×1092毫米 1/32 印张:3.75
字数:50千字
ISBN 978-7-5199-1188-1 定价:28.00元
电话(010)64217619 64217612(发行部)

版权所有·侵权必究
凡购买本社图书,如有印制质量问题,我社负责调换。

"读原著·学原文·悟原理"丛书编委会

编委会主任：

孙熙国　孙蚌珠　孙代尧　张　梧

编委（以姓氏笔画为序）：

王　蔚　王继华　田　曦　任　远

孙代尧　孙蚌珠　孙熙国　朱　红

朱正平　吴　波　李　洁　何　娟

汪　越　张　梧　张　晶　张　懿

余志利　张艳萍　易佳乐　房静雅

金德楠　侯春兰　姚景谦　梅沙白

曹金龙　韩致宁

编委会主任

孙熙国，北京大学马克思主义学院教授、博导，北京大学习近平新时代中国特色社会主义思想研究院常务副院长，北京大学学位委员会马克思主义理论学科分会主席，国家"万人计划"教学名师，中央马克思主义理论研究和建设工程课题组首席专家，国务院学位委员会马克思主义理论学科评议组成员，教育部马克思主义理论类专业教学指导委员会副主任委员。兼任国际易学联合会会长，中国历史唯物主义学会副会长，北京市高教学会马克思主义原理研究会会长。

在《哲学研究》等刊物发表学术论文百余篇，著有《先秦哲学的意蕴》《马克思主义基本原理前沿问题研究》（第一作者）等，主编高校哲学专业统一使用重点教材《中国哲学史》，主编全国高中生统用教科书《思想政治·生活与哲学》《思想政治·哲学与文化》，获首届全国优秀教材一等奖。主持"马藏早期文献与马克思主义在中国的早期传播""马克思主义基本原理的学科对象与理论体系"等国家哲学社会科学重大项目和重点项目。

孙蚌珠，经济学博士，教授。现任北京大学马克思主义学院党委书记、习近平新时代中国特色社会主义研究院副院长。教育部高等学校思想政治理论课教学指导委员会委员总教指委主任委员、"形势与政策"和"当代世界经济和政治"分指导委员会主任委员。马克思主义研究和建设工程首席专家，国家义务教育教科书"道德与法治"编委会主任，国家统编高中思想政治教材《经济与社会》主编、国家中等职业学校思想政治教材编委会主任。中国政治经济学学会副会长、中国《资本论》研究会副会长。主要从事政治经济学、中国特色社会主义经济理论与实践研究，获得过北京市科学技术进步二等奖，是全国首届百名优秀"两课"教师、全国思想政治理论课影响力标兵人物、北京市高等学校教师名师、国家"万人计划"教学名师、享受国务院政府特殊津贴专家。

孙代尧，北京大学法学学士、硕士和博士。现任北京大学博雅特聘教授、社会科学学部学术委员和马克思主义学院学术委员会主任，《北京大学学报（哲学社会科学版）》主编。曾任马克思主义学院副院长、学位委员会主席、教育部高校思政课教学指导委员会委员。

先后入选国务院政府特殊津贴专家、中宣部全国文化名家暨"四个一批"人才、国家"万人计划"第一批哲学社会科学领军人才；担任中央马克思主义理论研究和建设工程专家、中国科学社会主义学会副会长等。

主要从事马克思主义理论、社会主义历史和理论等领域的教学和研究。担任教育部哲学社会科学研究重大课题攻关项目、国家社科基金重大项目首席专家。科研成果曾获北京市哲学社会科学优秀成果一等奖等多个奖项。

张梧，哲学博士。现为北京大学哲学系助理教授、研究员、博士生导师，中国人学学会秘书长、北京大学中国特色社会主义理论体系研究中心研究员、济宁干部政德学院"尼山学者"。主要研究方向是马克思主义哲学史、社会发展理论等。曾著有《马克思恩格斯〈德意志意识形态〉研究读本》《社会发展的全球审视》等学术专著，在《哲学研究》等核心期刊发表论文30余篇。

代序

马克思主义可以这样学

马克思主义应该怎样学？马克思主义经典著作应该怎样读？北京大学马克思主义学院以博士生的"马克思主义经典著作研读"课为抓手，进行了积极的探索，走出了一条"读原著、学原文、悟原理"的新路子，逐步形成了马克思主义理论专业人才培养的"北大模式"。

北京大学具有学习、研究和传播马克思主义的光荣传统。北京大学是中国马克思主义的发祥地，是中国共产党最早的活动基地，是中国马克思主义理论教育的诞生地。1920年，李大钊在北大开设了"唯物史观""工人的国际运动与社会主义的将来""社会主义与社会运动"等马克思主义理论课程和专题讲座，带领学生阅读马克思主义经典著作，公开讲授和宣传马克思主义。李大钊在北大所做的这些工作，与拉布里奥拉在意大利罗马大学、布哈林在苏俄红色教授学院、河上肇在日本京都帝国大学进行的马克思主义理论教学和研究工作，共同开启了马克思主义理论进入高校课堂的先河。

一百多年过去了，一代代的北大人始终把学习研究和宣传马克思主义作为自己的崇高使命，始终把马克思主义经典著作的学习研读作为教育教学的一项重要内容。2014年5月4日，习近平在北京大学师生座谈会上的讲话中指出，北京大学是新文化运动的中心和五四运动的策源地，是这段光荣历史的见证者。长期以来，北京大学广大师生始终与祖国和人民共命运、与时代和社会同前进，在各条战线上为我国革命、建设、改革事业作出了重要贡献。2018年5月2日，习近平总书记在北京大学考察时指出，北京大学是中国最早传播和研究马克思主义的地方。中国共产党的主要创始人和一些早期著名活动家，正是在北大工作或学习期间开始阅读马克思主义著作、传播马克思主义的，并推动了中国共产党的建立。这是北大的骄傲，也是北大的光荣。由此我们可以看到，北大具有学习研究和传播马克思主义的光荣传统，具有与祖国和人民共命运、与时代和社会同前进的光荣传统，具有爱国、进步、民主、科学的光荣传统。因此，如果要讲北大传统，首先就是马克思主义的传统；如果要讲北大精神，首先就是马克思主义的精神。北大学习研究和传播马克思主义的精神和传统始终与马克思主义经典著作的研读和学习紧紧结合在一起。

2018年5月2日，习近平总书记视察北大马克思主义学院时指出："高校马克思主义学院就是要坚持'马院姓马，在马言马'的鲜明导向和办学原则，为巩固马克思主义在意识形态领域的指导地位，推动马克思主义进校园、进课堂、进学生头脑，发挥应有作用。"在习近平总书记重要讲话精神的指导下，北京大学马克思主义学院逐步确立了以"埋首经典，关注现实"为基本理念、以马克思主义经典文献学习研读为重要内容的马克思主义卓越人才培养的"北大模式"。其中加强和完善"马克思主义经典著作研读"课程，并对研究生、特别是博士研究生进行马克思主义经典著作的中期考核成为北大博士生培养的一个重要环节。

北京大学马克思主义学院的学生究竟怎样学习马克思主义基本原理？怎样阅读马克思主义经典著作呢？

习近平总书记指出："学习理论最有效的办法是

读原著、学原文、悟原理。"要学好马克思主义理论，就必须要读马克思主义经典作家的原著，学马克思主义经典作家的原文，悟马克思主义基本原理。一句话，就是必须要学好马克思主义经典著作。"马克思主义经典著作"这门课一直是我国高校马克思主义学院研究生的核心课程。北大给硕士生开设的马克思主义经典著作课叫"马克思主义经典著作导读"，给博士生开设的马克思主义经典著作课叫"马克思主义经典著作研读"。我负责博士生的"马克思主义经典著作研读"课始自2010年秋季。一开始是我一个人讲，后来孙蚌珠、孙代尧老师加入进来，再后来马克思主义基本原理所、马克思主义发展史所的老师们也陆续加入到了本课程的教学和研究工作中。博士生的"马克思主义经典著作研读"课程的学习时间是一年，学习阅读的文本有30多篇。北大学习研读经典文本的基本方式是在学习某一文本之前，先由学生来做文献综述，通过文献综述把这一文本的文献概况、主要内容、学界争论的焦点问题、学者研究的基本方法和形成的基本范式梳理概括出来。呈现给读者的这套《读原著、学原文、悟原理》丛书，就是北京大学马克思主义学院2016级博士生在"马克思主义经典著作研读"课程学习过程中，在授课老师指导下围绕所学的马克思恩格斯经典文本完成的成果结集。授课教师从2016级博士生的研读成果中精选出了优秀的研究成果，经反复修改完善，以"读原著、学原文、悟原理"作为丛书书名出版。

本丛书收录了从马克思高中毕业撰写的三篇作文到恩格斯晚年撰写的《路德维希·费尔巴哈和德国古典哲学的终结》等代表性著述20余篇。这20篇著作是北京大学马克思主义学院马克思主义理论一级学科各专业和政治经济学、科学社会主义与国际共产主义运动专业博士生必修课"马克思主义经典著作研读"的必学书目。丛书作者对这20余篇著作的研究状况和研究内容的梳理、概括和总结，基本上反映了北大"马克思主义经典著作研读"课程的主要内容，展现了北大马克思主义学院博士生学习研读马克思主义经典著作的基本情况，是北大博士生阅读马克思主义经典文本、学习马克思主义基本原理的一个缩影。在某种意义上说，这些成果体现了北大马克思主义学院博士生学习马克思主义经典著作的基本方式。因此，我们可以自豪地说，马克思主义经典文本可以"这样读"，马克思主义基本原理可以"这样学"。

本书对马克思恩格斯每一时期文本的介绍和阐释主要是围绕以下四个方面的内容展开的。一是对马克思恩格斯这一文本的写作、出版和传播等主要情况的介绍和说明，二是对这一文本的主要内容的介绍和提炼，三是对国内外学者关于这一文本研究的基本方法、形成的基本范式和切入点的概括总结，四是对国内外学者在这一文本研究过程中所涉及到的一些具有争议性的问题或焦点问题的梳理和辨析。在每一章的后面，作者又较为详细地列出了该文本研究的主要参考文献，也就是关于每一个文本的代表性研究成果。本书力图从以上四个方面入手，尽可能客观全面地展示国内外学者关于马克思恩格斯这些经典文本的研究状况、研究结论和研究方法，以期对马克思主义学院师生学习、研读马克思主义经典著作提供参考和借鉴。

马克思主义理论是我们做好一切工作的看家本领，也是领导干部必须普遍掌握的工作制胜的看家本领。我们期望这套20本的"读原著、学原文、悟原理"丛书能够在这方面给大家提供一些积极的启示和有益的帮助。

孙熙国
2022.2

目 录 CONTENTS

一、文献写作概况   001

二、文献内容概要   004

三、研究范式   019

四、焦点问题   027

一、文献写作概况

《家庭、私有制和国家的起源》(本篇简称《起源》)是恩格斯于1884年3月底到5月底用德文写成的一部关于人类婚姻、家庭、古代社会发展规律和国家起源的重要著作,《起源》的产生有着深刻的现实和理论渊源。

现实层面,从19世纪70年代开始,伴随着第二次工业革命的完成,资本主义体系的运行方式和结构开始发生一系列显著变化,开始由自由资本主义向垄断资本主义阶段转变,与此同时,资产阶级与无产阶级之间的经济和阶级矛盾日渐加深,无产阶级为了未来的革命斗争不断积聚力量,而资产阶级则采取各种手段镇压无产阶级。具体来说,资产阶级除加强国家机器、颁布反动的特别法律暴力镇压无产阶级之外,还从思想理论方面来对抗马克思主义,他们从家庭、私有制和资产阶级国家关系入手,宣扬私有制的重要作用及其正当性,在此基础上论证以父权为中心的家庭存在的合理性，同时宣扬国家是超阶级的、永恒和不可侵犯的，从而达到美化资本主义制度、论证资本主义制度永恒性的目的。受此影响，工人组织中出现了超历史和超阶级的国家观，因此，为了消除工人运动中的错误思想，系统阐明马克思主义关于家庭、私有制和国家起源的基本观点、揭示人类社会发展的一般规律成为当时的迫切需要。

理论层面，马克思恩格斯历来十分重视对人类社会发展形态及规律的研究，但之前由于资料的缺乏，一直未能对阶级社会以前的人类原始社会进行系统研究。19世纪60—70年代关于原始社会史的研究有了显著进展，研究成果不断丰富，尤其是1877年美国人类学家路易斯·亨利·摩尔根的《古代社会，或人类从蒙昧时代经过野蛮时代到文明时代的发展过程的研究》（以下简称《古代社会》）出版，为《起源》的写作提供了坚实的材料基础。摩尔根的《古代社会》详细论证了氏族是原始社会的基本单位，以及原始社会的基本特征是不存在阶级、私有制和国家，论证了私有制起源于原始公有制社会，发展了原始社会史。马克思对这本书十分重视，1880年到1881年间马克思在仔细研读这本书的基础上做了详细的批注和摘要，即《路易斯·亨·摩尔根〈古代社会〉一书摘要》(本篇简称《摘要》)，"打算联系他的……唯物主义的历史研究所得出的结论来阐述摩尔根的研究成果"[①]，然而马克思还没来得及实现这个计划就与世长辞了。恩格斯在整理马克思的遗稿时发现了《摘要》，他确信摩尔根的这本书证实了马克思和他本人的历史唯物主义研究的结论。为了进一步完善和发展唯物史观，也为了实现马克思的遗愿，恩格斯以《摘要》为基础，结合自己对古罗马史、古代爱尔兰史、古代德意志史等的研究成果和资料，写成了《起源》一书。

最初，恩格斯打算将这部著作在德国社会民主党的理论杂志《新时代》上发表，但是后来放弃了这个计划。因为他认为，在当时德国实行反社会党人非常法的情况下，是不可能在德国发表的。于是，《起源》于1884年10月在苏黎世以单行本的形式出版，1886年和1889年在斯图加特分别出版

[①] 《马克思恩格斯文集》第4卷，人民出版社2009年版，第15页。

了第二版、第三版。1890年，恩格斯收集了一些关于原始社会史的新资料，并利用这些资料对原文进行了修改和补充，尤其是利用了考古学和民族学的最新材料对《家庭》一章做了重要补充。1891年底，第四版《起源》在斯图加特出版，之后，第五版和第六版又在此基础上分别于1892年和1894年发行。传播方面，这本著作被先后译为波兰文、罗马尼亚文、意大利文、塞尔维亚文、法文和俄文等。1920年，《起源》的部分内容由恽代英翻译成中文发表，1929年和1941年，李膺扬和张仲实的中译本分别出版。

二、文献内容概要

《起源》是恩格斯阐述历史唯物主义基本原理的重要著作，包括两篇序言和九章正文。概言之，在这部著作中，恩格斯用唯物史观科学分析了人类社会早期发展的历史，论述了氏族组织的结构、特点和作用以及家庭的起源和发展，指出一夫一妻制家庭的产生和最后胜利乃是文明时代开始的标志之一。恩格斯以大量史料为基础，揭示了原始社会制度解体和以私有制为基础的阶级社会形成的过程，进一步阐释了物质生产是社会发展决定性因素的基本原理；阐明了阶级社会的特征，分析了国家的起源、阶级本质及发展和消亡的规律，指出国家是阶级矛盾不可调和的产物，是经济上占统治地位的阶级进行政治统治的工具，是凌驾于社会之上而且日益与社会脱离的特殊公共权力，其作用是协调各阶级的矛盾，国家随阶级的产生而产生，也必将随阶级的消亡而消亡。另外，《起源》还论证了妇女解放和社会解放的关系，指出私有制是妇女不平等地位的经济基础，只有消灭了资本主义生产方式，婚姻自由和妇女的解放才有可能。

具体而言，序言部分，恩格斯在"1884年第一版序言"中首先交代了《起源》的写作动机——实现马克思的遗愿，之后主要阐述了唯物史观的"两种生产理论"，即生活、生产资料的生产和人自身的生产，社会制度的演变受到两种生产发展状况的影响，也就是劳动发展阶段和家庭发展阶段的制约，在劳动不发达的阶段，社会制度在较大程度上受到血族关系的影响，在这种社会结构中，劳动生产率日益提高，同时私有制、财产关系和阶级对立等新的社会因素发展起来。"这些新的社会成分在几个世代中竭力使旧的社会制度适应新的条件,直到两者的不相容性最后导致一个彻底的变革为止。以血族团体为基础的旧社会,由于新形成的各社会阶级的冲突而被炸毁;代之而起的是组成为国家的新社会,而国家的基层单位已经不是血族团体,而是地区团体了。"① 在以国家为基础的社会中,家庭关系完全受到所有制关系的支配,阶级斗争成为历史发展的主要内容和推动力。最后,恩格斯对摩尔根《古代社会》一书进行了评价,认为这本书"发现和恢复了我们成文史的这种史前的基础,并且在北美印第安人的血族团体中找到了一把解开希腊、罗马和德意志上古史上那些极为重要而至今尚未解决的哑谜的钥匙。而他的著作也并非一日之功。他研究自己所得的材料,到完全掌握为止,前后大约有40年。然而也正因为如此,他这本书才成为今日划时代的少数著作之一"②。同时,恩格斯在《起源》中对摩尔根的材料和论述进行了补充、修改和完善。在"1891年第四版序言"中,恩格斯首先说明了修改、出版《起源》第四版的必要

---

①② 《马克思恩格斯文集》第4卷,人民出版社2009年版,第16页。

性和意义，其次评述了家庭史研究的发展，指出关于家庭史的研究始于巴霍芬，而摩尔根则开启了一个家庭史研究的新时代："确定原始的母权制氏族是文明民族的父权制氏族以前的阶段的这个重新发现，对于原始历史所具有的意义，正如达尔文的进化理论对于生物学和马克思的剩余价值理论对于政治经济学的意义一样。它使摩尔根得以首次绘出家庭史的略图；这一略图，在目前已知的资料所容许的限度内，至少把典型的发展阶段大体上初步确定下来了。非常清楚，这样就在原始历史的研究方面开始了一个新时代。母权制氏族成了整个这门科学所围着旋转的轴心；自从它被发现以后，人们才知道，应该朝着什么方向研究和研究什么，以及应该如何去整理所得的结果。因此，目前在这一领域内正取得比摩尔根的著作出版以前更加迅速得多的进步。"①

正文第一章主要从"生活资料生产"的视角描绘了史前社会从蒙昧时代、野蛮时代到文明时代开端的发展概况，恩格斯认同摩尔根的对人类史前史

---

① 《马克思恩格斯文集》第4卷，人民出版社2009年版，第28页。

的研究,"摩尔根是第一个具有专门知识而尝试给人类的史前史建立一个确定的系统的人;他所提出的分期法,在没有大量增加的资料要求做出改变以前,无疑依旧是有效的"①。他将摩尔根的分期法研究概括为:"蒙昧时代是以获取现成的天然产物为主的时期,人工产品主要是用作获取天然产物的辅助工具。野蛮时代是学会畜牧和农耕的时期,是学会靠人的活动来增加天然产物生产的方法的时期。文明时代是学会对天然产物进一步加工的时期,是真正的工业和艺术的时期。"②具体而言,蒙昧时代和野蛮时代属于"史前各文化阶段",即原始社会,这两个时代内部又可以分为低级、中级和高级三个阶段。总的来看,原始社会是一个"共产制共同体"③,具有生产力水平比较低,进行共同生产,共同体内部直接进行分配,实行氏族制度、没有任何内部对立的社会的特征。恩格斯指出,他"根据摩尔根的著作描绘的这幅人类经过蒙昧时代和野蛮时

---

① 《马克思恩格斯文集》第4卷,人民出版社2009年版,第32页。
② 《马克思恩格斯文集》第4卷,人民出版社2009年版,第38页。
③ 梅荣政、阳黔花:《历史唯物主义发展的丰碑(一)——〈家庭、私有制和国家的起源〉研读》,载《思想理论教育导刊》2010年第4期。

代达到文明时代的开端的发展图景,已经包含足够多的新特征了,而尤其重要的是,这些特征都是不可争辩的,因为它们是直接从生产中得来的"①。由此,原始社会的产生和发展是由生产状况的变化塑造的。

第二章恩格斯则以"人自身的生产"或者说以"家庭"为切入点分析人类发展的图景,揭示家庭作为经济细胞和社会生活的组织形式之一从无到有、由低级到高级形式(群婚制家庭—对偶制家庭—专偶制家庭)发展的历史进程,具体来说,"群婚制是与蒙昧时代相适应的,对偶婚制是与野蛮时代相适应的,以通奸和卖淫为补充的专偶制是与文明时代相适应的。在野蛮时代高级阶段,在对偶婚制和专偶制之间,插入了男子对女奴隶的统治和多妻制"②。恩格斯指出:"在历史上出现的最初的阶级对立,是同个体婚制下夫妻间的对抗的发展同时发生的,而最初的阶级压迫是同男性对女性的压迫同时发生的。个体婚制是一个伟大的历史的进步,但同时它同奴隶制和私有制一起,却开辟了

---

① 《马克思恩格斯文集》第4卷,人民出版社2009年版,第38页。
② 《马克思恩格斯文集》第4卷,人民出版社2009年版,第88页。

一个一直继续到今天的时代，在这个时代中，任何进步同时也是相对的退步，因为在这种进步中，一些人的幸福和发展是通过另一些人的痛苦和受压抑而实现的。个体婚制是文明社会的细胞形态，根据这种形态，我们就可以研究文明社会内部充分发展着的对立和矛盾的本质。"① 由此，他指出，家庭发展的动力来源于自然因素和经济因素两个方面。另外，恩格斯还揭示了家庭演变过程中女性地位的变迁，并对未来家庭的发展前景进行展望，"结婚的充分自由，只有在消灭了资本主义生产和它所造成的财产关系，从而把今日对选择配偶还有巨大影响的一切附加的经济考虑消除以后，才能普遍实现。到那时，除相互的爱慕以外，就再也不会有别的动机了"②。

第三章到第八章主要解决两个问题：一是氏族社会的产生、发展和衰亡问题，二是国家的起源问题。在氏族问题上，恩格斯主要以易洛魁人、希腊人的氏族为例，阐明了国家产生以前的氏族制度，包括母权制氏族、父权制氏族制度的产生过程及其

---

① 《马克思恩格斯文集》第4卷，人民出版社2009年版，第78页。
② 《马克思恩格斯文集》第4卷，人民出版社2009年版，第95页。

基本特征。总体来说,氏族制度产生于蒙昧时代的中级阶段,发展于蒙昧时代的高级阶段,繁荣于野蛮时代的低级阶段,衰落于野蛮时代的高级阶段,在文明时代到来时被消灭。氏族演变的根本动力是生产力的发展,在社会大分工的演变下,阶级和家庭革命不断出现,氏族制度无法应对社会变革带来的挑战,因而必然崩溃,正如恩格斯所说,氏族制度的崩溃是必然的,"只要社会一越出这一制度所适用的界限,氏族制度的末日就来到了;它就被炸毁,由国家来代替了"①。在国家产生问题上,恩格斯以雅典、罗马和德意志国家为例,阐述了氏族社会衰败、国家形成的三种类型。第一,雅典国家是从氏族社会内部的阶级对立中产生的,雅典的"社会一天天成长,越来越超出氏族制度的范围,即使是最严重的坏事在它眼前发生,它也既不能阻止,又不能铲除了。但在这时,国家已经不知不觉地发展起来。最初在城市和乡村间,然后在各种城市劳动部门间实行的分工所造成的新集团,创立了新的机关以保护自己的利益;各种公职都设置起来

---

① 《马克思恩格斯文集》第4卷,人民出版社2009年版,第164页。

了"①,由此,雅典国家的产生是一般国家形成的典型范例,因为它的形成过程没有受到外力干扰,而且直接从氏族社会中产生,发展形态很高,是最纯粹、最典型的形式。第二,罗马国家的产生源于平民的胜利,罗马的王权被废除以前,"以个人血缘关系为基础的古代社会制度就已经被炸毁了,代之而起的是一个新的、以地区划分和财产差别为基础的真正的国家制度"②,而罗马的全部历史就是在这个制度范围内的演变,包括"共和国的贵族与平民为了担任官职以及分享国有土地而进行种种斗争,最后贵族溶化在大土地占有者和大货币占有者的新阶级中,这种大土地占有者和大货币占有者逐渐吞并了因兵役而破产的农民的一切地产,并使用奴隶来耕种由此产生的大庄园,把意大利弄到十室九空的地步,从而不仅给帝政而且也给帝政的后继者德意志野蛮人打开了门户"③,总之,罗马平民的斗争打破了封闭的贵族制,"并在它的废墟上建立了国家,氏族贵族和平民不久便完全溶化在国家

---

① 《马克思恩格斯文集》第4卷,人民出版社2009年版,第131页。
② 《马克思恩格斯文集》第4卷,人民出版社2009年版,第147页。
③ 《马克思恩格斯文集》第4卷,人民出版社2009年版,第147页。

中了"①。第三，德意志国家则是在征服外部领土的过程中为了适应新形势的需要由氏族制度改造而来的，德意志各部落一开始也是实行氏族制度，"在联合为民族的德意志各部落中，也曾发展出像英雄时代的希腊人和所谓王政时代的罗马人那样的制度，即人民大会、氏族酋长议事会和已在图谋获得真正王权的军事首长。这是氏族制度下一般所能达到的最发达的制度，这是野蛮时代高级阶段的典型制度。只要社会一越出这一制度所适用的界限，氏族制度的末日就来到了；它就被炸毁，由国家来代替了"②。

在最后一章"野蛮时代和文明时代"中，恩格斯一方面分析了人类社会由原始社会向阶级社会过渡的一般经济条件，即随着私有制和阶级的产生以及社会分工的发展，阶级社会逐渐建立，当阶级矛盾尖锐到不可调和的程度时，氏族社会便被摧毁了，国家由此产生，这也就实现了野蛮社会向文明社会的转变。具体来说，生产力的发展和劳动力提供了超出维持生产者生存需要的产品，由此推动了

---

① 《马克思恩格斯文集》第4卷，人民出版社2009年版，第189页。
② 《马克思恩格斯文集》第4卷，人民出版社2009年版，第164页。

三次社会分工的发生：第一次分工是畜牧业与原始农业的分离，发生在野蛮时代的中级阶段；第二次分工是手工业和农业的分离，发生在野蛮时代的高级阶段；第三次分工是商人出现，商业同生产部门的分离，发生在文明时代初期。在社会分工的不断深化过程中，土地逐渐转化为私有财产，私有制产生，奴隶制开始出现，并且奴隶开始成为社会发展的基础，出现了奴隶与自由民阶级的分裂，氏族制度解体，母权制向父权制过渡、对偶婚姻制度向专偶制度过渡，个体家庭成为社会的基础经济单位。另外，恩格斯主要对文明社会的特征、矛盾、本质和未来进行了分析。

为了更好地说明文明社会的特征，恩格斯对国家的起源、特征、本质等方面进行了剖析。首先，恩格斯确切地描述了国家的概念："国家是社会在一定发展阶段上的产物；国家是承认：这个社会陷入了不可解决的自我矛盾，分裂为不可调和的对立面而又无力摆脱这些对立面。而为了使这些对立面，这些经济利益互相冲突的阶级，不致在无谓的斗争中把自己和社会消灭，就需要有一种表面上凌驾于社会之上的力量，这种力量应当缓和冲突，把冲突保持在'秩序'的范围以内；这种从社会中产生但又自居于社会之上并且日益同社会相异化的力量，就是国家。"① 因此，国家是经济上占统治地位的阶级的国家，是阶级矛盾不可调和的产物，国家的基本特征是按照地区来划分和组织国民并拥有公共权力，同时，公共权力也衍生出两个不同于旧的氏族组织的特征，即捐税和凭借特别的法律赢得尊敬。由此，国家的本质就是"文明社会的概括，它在一切典型的时期毫无例外地都是统治阶级的国家，并且在一切场合在本质上都是镇压被压迫被剥削阶级的机器"②。从起源上看，"国家并不是从来就有的。曾经有过不需要国家，而且根本不知国家和国家权力为何物的社会。在经济发展到一定阶段而必然使社会分裂为阶级时，国家就由于这种分裂而成为必要了"③。

关于阶级社会和国家的未来，恩格斯强调在一定的生产发展阶段，阶级存在就不再是必要的了，而且将成为生产发展的障碍，因此阶级将不可避免

---

① 《马克思恩格斯文集》第4卷，人民出版社2009年版，第189页。
② 《马克思恩格斯文集》第4卷，人民出版社2009年版，第195页。
③ 《马克思恩格斯文集》第4卷，人民出版社2009年版，第193页。

地要消失,而"随着阶级的消失,国家也不可避免地要消失。在生产者自由平等的联合体的基础上按新方式来组织生产的社会,将把全部国家机器放到它应该去的地方,即放到古物陈列馆去,同纺车和青铜斧陈列在一起"①,因此,国家是一种社会历史性的存在。

在全面认识了国家之后,恩格斯指出文明时代是社会发展的一个历史阶段,就其特征而言,经济方面主要表现在出现了货币、商人、土地私有制、抵押和奴隶劳动等新的经济形式;社会上占统治地位的主要是专偶制,社会经济的单位是个体家庭,男子对妇女进行统治;政治上主要表现在国家作为镇压被压迫被剥削阶级的机器占据统治地位;城乡对立、遗嘱制度也是文明社会的特征。在文明社会的基本特征基础上,文明社会的矛盾不断出现,其中经济矛盾和阶级矛盾最为突出,经济上生产的偶然性不断为危机的爆发积蓄力量,"直到今天,产品仍然支配着生产者;直到今天,社会的全部生产仍然不是由共同制定的计划,而是由盲目的规律来

---

① 《马克思恩格斯文集》第4卷,人民出版社2009年版,第193页。

调节，这些盲目的规律，以自发的威力，最后在周期性商业危机的风暴中显示着自己的作用"①；不同的社会阶级在文明时代社会逐渐通过奴隶制、农奴制和雇佣劳动制等不同形式分裂为剥削阶级和被剥削阶级，阶级矛盾出现并不断加剧。

与古代氏族社会相比，文明社会是进步的，"文明时代以这种基本制度完成了古代氏族社会完全做不到的事情。但是，它用激起人们的最卑劣的冲动和情欲，并且以损害人们的其他一切秉赋为代价而使之变本加厉的办法来完成这些事情的。……由于文明时代的基础是一个阶级对另一个阶级的剥削，所以它的全部发展都是在经常的矛盾中进行的。生产的每一进步，同时也就是被压迫阶级即大多数人的生活状况的一个退步。对一些人是好事，对另一些人必然是坏事，一个阶级的任何新的解放，必然是对另一个阶级的新的压迫"②。恩格斯指出，人类必将克服文明社会的弊端，形成一个新的社会发展阶段，即无阶级的共产主义社会。

恩格斯引用摩尔根对文明时代的评断作为《起

---

① 《马克思恩格斯文集》第4卷，人民出版社2009年版，第194、195页。
② 《马克思恩格斯文集》第4卷，人民出版社2009年版，第196、197页。

源》的结束语:"自从文明时代开始以来所经过的时间,只是人类已经经历过的生存时间的一小部分,只是人类将要经历的生存时间的一小部分。社会的瓦解,即将成为以财富为唯一的最终目的的那个历程的终结,因为这一历程包含着自我消灭的因素。管理上的民主,社会中的博爱,权利的平等,教育的普及,将揭开社会的下一个更高的阶段,经验、理智和科学正在不断向这个阶段努力。这将是古代民族的自由、平等和博爱的复活,但却是在更高级形式上的复活。"[1] 由此,恩格斯也表达了他对未来社会的看法。

总的来说,《起源》的内容十分丰富,它填补了唯物史观关于史前社会方面的研究空白,丰富和发展了唯物史观和马克思主义政治学说,是马克思主义思想体系的重要组成部分。列宁认为,《起源》是"现代社会主义的基本著作之一,其中的每一句话都是可以相信的,每一句话都不是凭空说的,而是根据大量的史料和政治材料写成的"[2]。

---

[1] 《马克思恩格斯文集》第4卷,人民出版社2009年版,第198页。
[2] 《列宁全集》(中文第二版)第37卷,人民出版社1986年版,第62页。

三、研究范式

综观学界关于《起源》的研究成果,《起源》的学术研究史可以看成第二国际理论家、苏联学者、西方马克思主义和国内学者不断深化对马克思主义思想史研究的历程,其研究范式也日益丰富。具体如下。

(一)第二国际理论家的解读范式

19世纪80年代以来,资本主义发展进入转型上升期,资产阶级与无产阶级之间的矛盾斗争也日渐激烈,社会主义政党组织内思想混乱,恩格斯写作《起源》在很大程度上是革命形势和理论斗争的需要。《起源》出版后,第二国际内部的理论家和革命家纷纷对《起源》发表看法,包括亨利希·库诺夫、爱德华·伯恩斯坦、卡尔·考茨基等。总的来看,第二国际理论家的解读范式可以称为历史观的解读范式,主要探讨《起源》与唯物史观的关系问题。这一范式也为后来一些苏联和国内学者所采用。

具体来说,亨利希·库诺夫在1879年首先发现了马克思与恩格斯在唯物史观适用范围上的不同,在《马克思的历史、社会和国家学说》中对恩格斯是否有"二元论"和"单线发展论"的思想倾向进行讨论，他认为，恩格斯在《起源》中完全打破了唯物史观的统一性，体现为经济学史观上的二元论。之后，伯恩斯坦在《家庭、私有制和国家的起源》的意文版序言中认为恩格斯将两种生产放在同等地位看待，"没有充分突出因果关系和条件关系的区别"[1]，是对唯物史观的背离。考茨基在1892年的《爱尔福特纲领。对原则部分的解说》（斯图加特版）的序言中将《起源》称为现代社会主义的基本著作之一，在正文中他以《起源》为依据，论述了资本主义和社会主义中婚姻和家庭的本质，在论述资本主义国家经济统治手段和论证生产资料转为社会所有的必要性时也引用了恩格斯的思想。另外，考茨基在《自然界和社会中的增殖和发展》中也强调人本身的生产是依赖于物质资料的生产方式；倍倍尔也强调《起源》为无产阶级政党提供了斗争

---

[1] ［德］爱德华·伯恩斯坦：《关于恩格斯论家庭起源的浅见——〈家庭、私有制和国家的起源〉意文版序》（1900），载中共中央党校科研办公室编：《恩格斯生平和他的理论贡献：外国学者论家庭、私有制》，中共中央党校科研办公室1986年版，第236页。

的方向，对党的纲领和实践具有重要意义。总的来看，第二国际理论家们对《起源》的评价不断发生变化，这也与当时社会民主党在德国的地位以及他们所处的阶级立场密切相关。

（二）苏联学者的解读范式

在《起源》写作和发表的时代，关于人类史前社会的研究成为马克思主义学者关注的焦点问题，同时关于东方社会和俄国革命的问题也日益凸显，从《起源》发表一直到20世纪50年代以后，苏联学界一直对其进行分析和解读。从整体立场来看，苏联学界对《起源》经历了从早期否定到后期肯定的思想转变，其中也涉及诸多争论。

20世纪30—50年代的苏联学界对《起源》的总体评价是否定其科学性，主要以俄国民粹派思想家尼·康·米海洛夫斯基、卡列也夫，经济学家列·阿·列昂节夫以及苏联文献的一些编者为代表。他们认为恩格斯的两种生产理论中生活资料的生产是一种"经济唯物主义"，"人的生产"是人种繁衍的过程，为"非经济因素"，进而断言二者是"同等意义"的二元论。不仅如此，还有一些苏联学者否定《起源》的独立性，认为《起源》的作用只是对摩尔根理论的重复阐述和普及,致力于贬低《起源》的意义,并且对恩格斯关于国家起源问题的论述予以忽视。

这些观点遭到了列宁和普列汉诺夫等人的反对和批判,他们强调这种错误观点是从"经济唯物主义"而非"唯物主义"出发的。列宁写了《什么是"人民之友"以及他们如何攻击社会民主党人》,严厉批驳了米海洛夫斯基对《起源》的歪曲,捍卫了《起源》所阐述的关于两种生产的理论;写了《国家与革命》,引证了《起源》第九章中有关国家问题的重要论述,丰富和发展了马克思主义的国家学说。普列汉诺夫在《论一元论历史观之发展》中对民粹派的观点进行了批判。但是,认为两种生产论有二元论错误的观点,从20世纪40年代以后在苏联理论界成为共同的定论。

到20世纪50年代后期,苏联理论界开始转向,开始出现肯定两种生产理论的观点,其中列昂节夫的转变最为明显,他在《恩格斯在马克思主义政治经济学形成和发展方面的作用》中强调,恩格斯在《起源》的序言中,使唯物主义历史观得到了进一步发展和具体化,并把它推广用于研究人类的上古史。

因此，否定《起源》的学者往往采用经济唯物主义的范式进行分析，而肯定观点则侧重从唯物史观出发强调文本与唯物史观的统一性。苏联学者们的争论恰恰反映了《起源》在研究马克思主义发展史中的重要地位。

（三）西方马克思主义学派的解读范式

自《起源》出版以来，西欧社会主义政党组织内的理论家和一些欧美马克思主义研究者及人类学家一直保持对《起源》的关注和讨论。从西方马克思主义者对《起源》的整体评价来看，其解读主要以"马克思恩格斯思想对立"范式为主，在这里"对立"主要体现在二元论与一元论对立和多线论与单线论对立两个方面，研究视角是将马克思晚年的《人类学笔记》与《起源》进行比较。

20世纪70年代以后，西方马克思主义研究者加强了对马克思晚年《人类学笔记》的研究，1972年，《人类学笔记》由美国人类学家劳伦斯·克拉德整理、编纂和注释，并写了长篇绪论，在荷兰出版发行，书名是《卡尔·马克思的社会文化人类学笔记》，引起广泛反响。之后克拉德在《马克思和恩格斯的民族学著作比较研究》中指出了恩格斯两种生产理论与马克思唯物史观的分歧。

在1975年出版的《可悲的骗局：马克思反对恩格斯》中，诺曼·莱文制造了马克思与恩格斯的思想对立。在《马克思恩格斯思想中的人类学》中他对《起源》进行了分析，一方面指出马克思研究人类学并不是要证明"一种可以预知的单线性分阶段发展的历史观点"①，历史是一个多线性的发展过程，而在《起源》中，恩格斯力图证明社会的各种发展形式都是由经济决定的，由此可以证明马克思恩格斯思想的对立性；另一方面强调马克思的历史观是建立在他的自然人道主义的基础之上的，而恩格斯的历史哲学是他的形而上学的唯物主义在历史领域的应用，是一种经济决定论。另外，英国学者戴维·麦克莱伦在《恩格斯传》中也认为恩格斯与马克思的思想之间存在一种"断裂"；莫里斯·布洛克在《马克思主义与人类学》指出《起源》的立场观点与早期著作大不相同。

---

① ［美］诺曼·莱文:《马克思和恩格斯思想中的人类学》，林强译，载《马克思主义来源研究论丛第15辑特辑马克思人类学笔记研究译文集》，商务印书馆1993年版，第64页。

另外，由于马克思《人类学笔记》的内容多涉及俄国、印度等东方国家及村社制度，一些西方学者就认为马克思晚年转移了研究兴趣，放弃了对《资本论》的写作及研究，进而认为马克思晚年用"人道主义"代替了唯物史观，甚至还制造了"晚年马克思"与"中年马克思"的对立。产生这种观点的原因有很多，其中最重要的是这些西方马克思主义学者缺乏对《人类学笔记》的系统研究，没有将其放在马克思主义思想史的框架下进行解读。

（四）国内学者的解读范式

国内学者的解读范式比较一致，主要还是从唯物史观出发，但与第二国际和西方马克思主义学派不同，大部分学者将《起源》看作恩格斯对唯物史观的继承和发展，这与一些苏联理论家的观点比较一致。例如，黄楠森在《马克思主义哲学史》中从生产力和生产关系的规律出发，强调恩格斯的两种生产理论并不违反历史唯物主义，而是对历史唯物主义的发展。洪韵姗的观点与此类似，在《恩格斯晚年思想研究》中指出两种生产理论不仅符合他和马克思的一贯思想，而且是对他们共同观点的更明晰的表达。具体看来，不同的学者对《起源》有不同的解读角度。

以朱传棨为代表的学者从"两种生产"的含义和关系出发,强调两种生产理论与唯物史观的一致性,即恩格斯的两种生产指的是生产本身的两个方面,这两个方面是互为前提和相互补充的,因此,两种生产论是唯物史观的一元论,而不是二元论,是对唯物史观的发展和补充。

赵家祥则更加强调物质生产的决定作用。他指出,恩格斯在《起源》中虽然认为物质生产和人的生产都是历史中的决定性因素,但始终还是认为物质生产对于社会制度和社会发展的决定作用更大。

以吴家华为代表的一部分学者从马恩思想关系的角度入手,认为恩格斯与马克思的思想是完全一致的,是对唯物史观的证实、深化、扩展和创新。胡大平则回到文本将《起源》中的"两种生产"与之前《形态》中提出的"原始的历史的关系的四个因素"进行对比,认为恩格斯在《起源》中将其进行了简化,合并成了两种,只是有一些形式上的变化,对唯物史观并没有什么影响。

在研究范式的交锋上,一些国内学者对西方马克思主义的解读模式进行了评价,比如,吴家华针对莱文的观点指出，莱文一方面无视恩格斯在《起源》中关于人的生产、血缘家庭关系在原始社会的基础地位和决定作用的论述，认为恩格斯在原始社会历史问题上也持经济决定论的立场；另一方面又置马克思的《古代社会笔记》对摩尔根的《古代社会》结构与思想的改造和恩格斯的《起源》以马克思的《古代社会笔记》为基础这两项事实于不顾，硬是通过把马克思摩尔根化而在两种生产理论上编造马克思和恩格斯对立的故事。克拉德则走向另一个极端，他不了解两种生产理论有一个萌发、产生、深化和系统化的过程，对马克思晚年写的《摩尔根（古代社会）一书摘要》的深层思想没能正确把握，并且置《起源》中的大量关于物质生产的决定作用的论述于不顾，从而得出恩格斯的两种生产理论与马克思的思想相矛盾的错误结论。[①]

四、焦点问题

总的来看，学界对《起源》的研究主要集中在以下几个问题：

---

① 吴家华：《理解恩格斯：恩格斯晚年历史观研究》，安徽大学出版社2005年版，第126页。

1. 关于写作缘起问题的研究

《起源》是恩格斯在马克思逝世后的第二年,放下《资本论》第2卷手稿的整理工作后开始写作的,其目的是实现马克思的遗愿。从研究资本主义社会到转向对史前社会的研究,马克思、恩格斯在晚年时期的思想动态成为学界关注的焦点,这也是研究《起源》思想的重要切入点。关于写作缘起的问题,学界的分析主要可以分为理论和现实两个角度:理论上是从马克思、恩格斯的思想发展历程以及史前社会对唯物史观发展完整性的重要作用方面进行解读;现实层面则以当时的革命形势为切入点。同时,这也是《起源》产生的背景。

一方面,关于马恩思想发展历程对《起源》写作的影响,学界的主流观点是对原始社会的研究是贯穿马恩思想的重要课题,是马克思主义社会发展学说的重要组成部分,马恩一直对这个问题有所研究,但由于资料和历史的局限,没能在早期详细研究,后来由于资料不断丰富,再加上马克思晚年对原始社会的重视,才最终促成了《起源》的产生。

苏联学者塔尔塔科夫斯基在1961年对《起源》的创作过程进行了系统总结,指出《起源》是"把对历史问题的深刻的理论研究同工人阶级革命解放斗争的迫切任务结合起来的光辉典范……恩格斯在家庭关系的历史中，在国家和它的机构产生的历史中，找到了国家（少数剥削者压迫大多数被剥削者的工具）必然要灭亡的证明材料，找到了无产阶级胜利和建立无产阶级专政以及随后在未来无阶级社会中国家必然消亡的证明材料"①。恩格斯在写作《起源》时已经64岁了，这说明《起源》不仅是多年科学研究的总结，也是大量革命斗争经验的总结，"在一定程度上由于马克思对摩尔根一书的详细摘录以及对摘录所加的许多批注，使恩格斯比较容易地完成了《起源》一书的写作"②，但是塔尔塔科夫斯基也立场鲜明地指出："如果把《起源》一书仅仅归结为在马克思写的提要基础上解释摩尔根的书也是完全不正确的。恩格斯的著作是非常卓越的独立的研究著作，其中摩尔根所搜集的实际资料

---

① ［苏］塔尔塔科夫斯基:《恩格斯〈家庭、私有制和国家的起源〉一书的创作史》，马建行译，载北京图书馆马列著作研究室编:《马恩列斯研究资料汇编1980年》，书目文献出版社1982年版，第125页。
② ［苏］塔尔塔科夫斯基:《恩格斯〈家庭、私有制和国家的起源〉一书的创作史》，马建行译，载北京图书馆马列著作研究室编:《马恩列斯研究资料汇编1980年》，书目文献出版社1982年版，第128页。

和很多结论对某些章节虽然起着很大的作用,但绝不是唯一的作用。"①

黄楠森等人对马克思恩格斯的思想发展历程进行了分阶段梳理:19世纪40年代是创立唯物史观的初期阶段,马恩普遍认为原始社会的基本特征是没有私有制、没有阶级和国家的制度、生产力状况低下,这时由于人类学发展的局限性,对原始社会的研究还不成熟;19世纪50年代初期,马克思开始研究东方问题,尤其关注俄国的农村公社问题,并在《资本主义生产以前的各种形式》中,把原始所有制形式分为三种形式,即"亚细亚的所有制形式""古代的所有制形式""日耳曼的所有制形式",并将这三种形式和资本主义经济形态看作社会演进过程的形态;19世纪70年代,马克思对各个民族土地所有制的起源和发展进行研究,这也标志着公社所有制的研究进入一个新阶段,而且关于人类学研究的著作此时开始不断丰富,《古代社会》等文献的出版促使原始社会史的研究进入了一个新时

---

① [苏]塔尔塔科夫斯基:《恩格斯〈家庭、私有制和国家的起源〉一书的创作史》,马建行译,载北京图书馆马列著作研究室编:《马恩列斯研究资料汇编1980年》,书目文献出版社1982年版,第129页。

期。马克思阅读了大量资料并做了笔记摘要，统称《人类学笔记》。① 这些笔记表明了马克思晚年研究重心的转移，由19世纪70年代前的"西方资本主义社会结构转向对东方社会的研究"②，在马克思主义发展史上占有重要地位。陈先达认为，"马克思终生致力于资本主义社会研究。他以四十年时间从事《资本论》的准备和写作。马克思也很重视对前资本主义社会形态的探讨，这是更深刻地剖析资本主义社会所必需的。可是由于史料的缺乏，在很长一段时间内，马克思对史前人类社会的状况并不十分清楚"③。马克思的《人类学笔记》"既不是哲学意义上的人类学（人本学），也不单纯是社会学意义上的人类学，而是历史研究，是马克思运用历史唯物主义对原始社会和东方社会的历史研究。它的研究对象不是人自身，而是社会，是研究前资本主义

---

① 黄楠森等主编：《〈马克思主义哲学史〉第3卷马克思主义哲学在巴黎公社后的传播和发展》，北京出版社1991年版，第336—338页。
② 黄楠森等主编：《〈马克思主义哲学史〉第3卷马克思主义哲学在巴黎公社后的传播和发展》，北京出版社1991年版，第354页。
③ 陈先达：《走向历史的深处——马克思历史观研究》，上海人民出版社1987年版，第410页。

社会形态，特别是原始社会发展的规律性"①。

更进一步分析，马恩为什么要在研究资本主义社会之后还继续研究史前社会呢？一些学者认为，这主要是为了完善和证实马克思主义的唯物主义历史观。黄楠森指出："在《资本论》中，马克思将唯物史观作为科学的世界观和方法论应用于一种社会形态，即资本主义社会的研究，应用于一门具体科学，即政治经济学的研究。"②马恩对资本主义社会的研究虽然全面揭示了资本主义发生、发展和必然被共产主义所取代、走向灭亡的全过程，但由于研究原始社会的材料较少，人们对于史前社会的状况并不了解，因此唯物史观在文明社会之前的历史中还处于假说状态，人类社会由无阶级的原始社会向私有制基础上的阶级社会的过渡还未得到充分验证。

还有一些学者倾向于马恩是为了更好地分析资本主义社会才详细对资本主义社会以前的社会形态

---

① 陈先达：《走向历史的深处——马克思历史观研究》，上海人民出版社1987年版，第410页。
② 黄楠森主编：《马克思主义哲学史》，高等教育出版社1998年版，第73—74页。

进行研究的,这以莫里斯·布洛克为代表。布洛克认为:"无论马克思还是恩格斯都不认为自己是历史学家或人类学家……他们转向人类学和历史,与其说是要关心资本主义以前的社会本身,不如说是要对资本主义进行分析。"① 他强调,马恩研究的动机只是为了说明资本主义赖以存在和发展的概念"并非因建立在人性、逻辑或上帝之类非历史性现象基础之上而不可动摇……只是为了揭示这些概念的任意性、揭示它们受环境制约的相对性质。只有深入透彻地剖析了这些概念以及它们的虚假的永恒性之后,才有可能进行一种让人可以接受的政治分析"②。因而,对于马恩的结论,"社会的一切方面构成了一个整体,其中没有任何一个方面可以独立于以这种过渡性的、囊括一切的体系为特色的历史的发展阶段"③,布洛克认为如何避开这一结论的必然结果是十分困难的。

---

① [英]莫里斯·布洛克:《马克思主义与人类学》,华夏出版社1988年版,第45页。
② [英]莫里斯·布洛克:《马克思主义与人类学》,华夏出版社1988年版,第104页。
③ [英]莫里斯·布洛克:《马克思主义与人类学》,华夏出版社1988年版,第105页。

由此，马克思、恩格斯深刻认识到，不弄清原始社会的状况和发展规律，就无法描绘出一幅完整的人类历史发展全景，就不可能完全地揭示人类社会发展的一般规律。因此，自19世纪70年代中期开始，马克思、恩格斯便特别加紧对资本主义以前的各社会形态的研究，以期说明人类社会经由阶级社会到未来共产主义社会的自然历史过程。

另一方面，除了理论上的推动，《起源》的产生也离不开当时革命形势的发展，学界对这一阶段的研究比较一致，主要将革命形势的发展归结为三个方面。

在西欧资本主义内部，由于垄断资本主义的发展，资本主义矛盾不断激化，同时为了与无产阶级进行斗争，资产阶级学者利用当时原始社会史方面材料不足、研究不够的缺点，散布各种错误理论，在思想上制造混乱，为资产阶级的财产、家庭、宗教和统治秩序辩护，力图颠覆马克思的唯物主义历史观。

在西欧无产阶级内部，一方面工人运动蓬勃发展，另一方面工人组织内部由于受到资本主义的影响，开始出现一些机会主义思想，为了清除错误思想，提高社会主义政党的理论水平，进一步论证唯物史观的有效性，恩格斯决定必须利用马克思晚年的笔记以及人类学研究的新成果，进一步阐释家庭发展的历史，揭示私有制、阶级和国家的起源、本质及其发展规律。

在东方社会，俄国革命的形势日渐成熟。此时俄国的一些理论家就俄国革命的道路和前途问题与马克思进行了多次讨论，马克思深刻意识到，像民粹派的米海洛夫斯基把马克思从前关于欧洲"社会演进的几个时代"的论述硬套在俄国身上的做法是完全不正确的，因而必须对东方社会形态发展的独特性进行研究，这也是马克思恩格斯晚年人类学研究的重要任务。

布洛克在《马克思主义与人类学》中指出："有关俄罗斯的讨论对于马克思主义与人类学的联系是具有重大意义的。在此，由于马克思认为俄国农民公社有可能成为未来革命的温床，他对传统农民社会的兴趣就变得理论性减少而实践性增加了……这在一封致俄国社会主义者维拉·查苏利奇的著名信件中表示得很清楚，马克思把一个全美知名作者作为这一论点的权威作者之一，这个作者就是路易斯·亨利·摩尔根。在这样一封信里提到他，这表明马克思对人类学的关注是怎样成为他学术研究的中心的。"①

德国学者约·海尔曼认为："在《起源》发表以前，还没有一部用历史唯物主义的观点来阐述婚姻和家庭历史的著作。"②他对《起源》的产生做了全面分析，指出"既有科学理论方面的理由，也有现实政治方面的原因……恩格斯同马克思一样，详尽而彻底地研究摩尔根的着眼点，是进一步从理论上圆满地论证科学共产主义是人类历史合乎规律的归宿"③。如果说《共产党宣言》宣告了科学社会主义的诞生，并且给国际革命工人运动指出了没有阶级、没有剥削的社会前景，那么，《起源》则系统地论证了原始共产主义社会的存在、阶级社会及其形成的具体历史原因，而且概括了革命工人运动在

---

① ［英］莫里斯·布洛克:《马克思主义与人类学》，冯利等译，华夏出版社1988年版，第49页。
② ［德］约·海尔曼:《〈家庭、私有制和国家的起源〉的写作过程》，高爱贺译，载李百玲主编:《经典作家著作研究》第4卷，中央编译出版社2014年版，第159页。
③ ［德］约·海尔曼:《〈家庭、私有制和国家的起源〉的写作过程》，高爱贺译，载李百玲主编:《经典作家著作研究》第4卷，中央编译出版社2014年版，第146页。

社会主义革命中,消灭资本主义及其机关的世界历史任务,《起源》中的精辟见解,有助于继续为工人阶级制定革命斗争中的战略和策略,这些见解是马克思列宁主义研究历史并阐述历史的重要基础。① 因此,《起源》的历史意义在于"对现实阶级斗争的趋势和发展做了深入的历史分析。其目的是要为无产阶级世界观提供论据、进一步阐明这一世界观并且加强工人阶级在政治斗争中的地位"②,同时,"这部著作作为一个整体,对于历史唯物主义世界观、在推翻以私有制和剥削为基础的社会和建设社会主义社会的阶级斗争中,始终具有现实的意义"③。

2.关于两种生产理论的研究

两种生产理论自提出以来,一直是国内外学界

---

① [德]约·海尔曼:《"现代社会主义的主要著作之一"——纪念恩格斯的〈家庭、私有制和国家的起源〉发表一百周年》,刘昌业译,载中共中央党校科研办公室编:《恩格斯生平和他的理论贡献:外国学者论家庭、私有制》,中共中央党校科研办公室1986年版,第232页。
② [德]约·海尔曼:《〈家庭、私有制和国家的起源〉的意义和影响》,高爱贺译,载李百玲主编:《经典作家著作研究》第4卷,中央编译出版社2014年版,第124页。
③ [德]约·海尔曼.《〈家庭、私有制和国家的起源〉的意义和影响》,高爱贺译,载李百玲主编:《经典作家著作研究》第4卷,中央编译出版社2014年版,第133页。

争论的焦点。所谓"两种生产",一是指物质生活资料的生产,二是指人自身的生产。这一理论的提出可以追溯到《德意志意识形态》(本篇简称《形态》)中马克思、恩格斯的相关论述,"生命的生产,无论是通过劳动而生产自己的生命,还是通过生育而生产他人的生命,就立即表现为双重关系:一方面是自然关系,另一方面是社会关系"①。这里的"两种生产"被划归为"生命的生产",一是指通过劳动进行的自己生命的生产,即物质生活资料的生产和再生产,二是通过生育进行的他人生命的生产。马克思、恩格斯分析了"生命的生产"所创造的不同社会关系,前者构建的是社会生产关系,而后者构建的是夫妻之间、父母和子女之间的婚姻家庭关系,尽管如此,两种生产都是社会的物质生活和推动历史发展的重要因素。19世纪80年代,恩格斯在《起源》第一版序言中对两种生产理论进行了系统阐述,"根据唯物主义观点,历史中的决定性因素,归根结底是直接生活的生产和再生产。但是,生产本身又有两种。一方面是生活资料

---

① 《马克思恩格斯文集》第1卷,人民出版社2009年版,第532页。

即食物、衣服、住房以及为此所必需的工具的生产；另一方面是人自身的生产，即种的繁衍。一定历史时代和一定地区内的人们生活于其下的社会制度，受着两种生产的制约：一方面受劳动的发展阶段的制约，另一方面受家庭的发展阶段的制约。劳动愈不发展，劳动产品的数量，从而社会的财富愈受限制，社会制度就愈在较大程度上受血缘关系的支配"①。恩格斯通过对两种生产理论的分析来考察人类氏族形态及婚姻、家庭的起源和发展，进而揭示原始社会的基本特征和发展变化规律。

关于两种生产理论，国内外学界主要围绕两种生产理论与唯物史观的关系问题进行研究。从总的立场来看，主要有三种倾向性观点：第一种观点批评两种生产理论，认为这是对唯物史观的背离和破坏，亨利希·库诺夫、爱德华·伯恩斯坦、卡尔·考茨基、20世纪30—50年代的苏联学界，以及日本学者河上肇、劳伦斯·克拉德、诺曼·莱文、戴维·麦克莱伦、莫里斯·布洛克等西方马克思主义学派的一些学者基本都持这一观点；与

---

① 《马克思恩格斯文集》第4卷，人民出版社2009年版，第15—16页。

第一种观点不同,第二种观点认为两种生产理论是对唯物史观的"修正",这以俄国民粹派思想家尼·康·米海洛夫斯基和卡列也夫等为代表;第三种观点则肯定两种生产理论与唯物史观的一致性,认为这是对唯物史观的重要发展,主要代表有列宁、普列汉诺夫、20世纪50年代末期以后的苏联学界,以及黄楠森、朱传棨、赵家祥、洪韵姗、吴家华、胡大平等一些国内学者。

值得注意的是,对两种生产的研究涉及三个主要问题:一是如何理解物质生产与人的生产的内涵及相互间作用的问题;二是涉及理解马克思、恩格斯思想关系的问题,即《起源》的两种生产理论中是否存在马恩思想对立的问题;三是判断两种生产理论是一元论还是二元论的问题。

从基本概念出发,对物质生产和人的生产的基本含义、作用及相互关系的不同理解直接影响到对这一理论的基本评价。以亨利希·库诺夫为代表的学者认为恩格斯将人的生产仅仅作为新的决定性因素来补充经济方式,并"将对生育子女和抚养子女这种倾向和直觉的影响看成一种独立的因素,它与经济发展并列,并不受经济发展的制约。这样,恩格斯就完全打破了唯物史观的统一性"①,这样在统一的经济学史观上便出现某种程度的二元论。这种"破坏"是指恩格斯没有回答经济方式和人的生产两种因素分别在社会生活的哪一个范围起决定作用等一系列问题,而能否回答这些问题关系着唯物史观能否称之为一种历史因果学说,如果社会的发展不再由经济生产的变化的决定,而是由婚姻形式和家庭形式的变化所决定的话,那么唯物史观的统一就破产了。

库诺夫的观点得到了伯恩斯坦和考茨基的支持。伯恩斯坦在《起源》的意文版序言指出了恩格斯的问题所在,他认为恩格斯将两种生产放在同等地位看待,"没有充分突出因果关系和条件关系的区别"②,这是一种"把进程或发展的某些可能因素看作引起这一进程或发展的原因和动力"③的做法。伯恩斯坦将"人的生产"作为一种生育或传宗接代

---

① [德]亨利希·库诺夫:《马克思的历史、社会和国家学说》第2卷,袁志英译,商务印书馆1988年版,第522页。
②③ [德]爱德华·伯恩斯坦:《关于恩格斯论家庭起源的浅见——〈家庭、私有制和国家的起源〉意文版序》(1900),载中共中央党校科研办公室编:《恩格斯生平和他的理论贡献:外国学者论家庭、私有制》,中共中央党校科研办公室1986年版,第236页。

的生物性分工,"只是进化史上其他分工和功能划分的继续"①,根本不属于人类历史范畴,因而恩格斯的两种生产理论是对唯物史观的背离。考茨基也强调:"人本身的生产不是与生活资料的生产相等的,而是依赖于它的因素。"②由此,第二国际的理论家们把《起源》中"人的生产"作为一种纯粹的依赖于物质资料生产的生育工具,并不能作为一种起决定作用的生产方式,因而恩格斯的两种生产理论与唯物史观是对立的。

当代西方马克思主义学派的一些学者更是具体指出了恩格斯的两种生产理论与马克思的唯物史观的不同。劳伦斯·克拉德指出:"马克思认为社会生活中的经济影响无论在人的文明生活还是早期生活中都是首要的因素。恩格斯对经济因素在人的原始生活和文明生活中的作用所进行的区分,并不符合马克思自己在关于摩尔根的评论和对梅恩的批驳

---

① [德]爱德华·伯恩斯坦:《关于恩格斯论家庭起源的浅见——〈家庭、私有制和国家的起源〉意文版序》(1900),载中共中央党校科研办公室编:《恩格斯生平和他的理论贡献:外国学者论家庭、私有制》,中共中央党校科研办公室1986年版,第236页。
② [德]卡·考茨基:《自然界和社会中的增殖和发展》,载《卡·考茨基全集》1923年莫斯科—彼得格勒版第12卷,第119页。

中所表达的结论。"① 关于两种生产理论,戴维·麦克莱伦在《恩格斯传》中指出两种生产理论体现了恩格斯关于专偶制"不是以自然条件为基础,而以经济条件为基础"的观点,而他关于蒙昧时代和野蛮社会的对比表明,"新的社会力量只是在后来才出现的——所有这一切都假定了一种对经济和社会之间的最不符合马克思主义的割裂"②。诺曼·莱文则通过对比《起源》《古代社会》以及马克思的晚年笔记指出,恩格斯在晚年背叛了马克思关于人类自身生产在史前社会起决定作用的观点,他认为,马克思认识到在原始社会"基于血族联系的人类共同体是由血缘关系这一特定的人类关系形式决定的"③,而恩格斯则认为"血族团体只是生产方式发展的某一个阶段的社会功能"④。莫里斯·布洛克

---

① [美]劳伦斯·克拉德:《马克思和恩格斯在民族学著作方面的比较(一)》,莫立知译,载李百玲主编:《经典作家著作研究》第4卷,中央编译出版社2014年版,第239页。
② [英]戴维·麦克莱伦:《恩格斯传》,臧峰宇译,中国人民大学出版社2017年版,第46页。
③ [美]诺曼·莱文:《马克思和恩格斯思想中的人类学》,载《比较共产主义研究杂志》1973年第6卷,第1—2期合刊,第15—16页。
④ [美]诺曼·莱文:《马克思和恩格斯思想中的人类学》,载《比较共产主义研究杂志》1973年第6卷,第1—2期合刊,第15—16页。

也认为,《起源》的立场观点与那些早期著作比较起来大不相同,"其实二者之间也还有某些不同之处……这种差异主要是两人所强调的重点不同"①。马克思更加注重研究的是家庭与氏族同时并存时所产生的冲突,即"各种相互冲突原则之间的矛盾和各个不同阶级之间的冲突"②,而恩格斯大部分承袭了摩尔根的体系术语,他设定了一个没有冲突的前阶级阶段,并且没有用马克思主义的方式去解释历史的变迁。也就是说,恩格斯认为原始社会不是由生产过程决定的,而只是受到生物学意义上的再生产支配,经济关系的决定作用是在以后的社会才发生的,因而也就违背了马克思的唯物史观。由此,西方马克思主义学派的学者在对两种生产理论的分析中得出了马克思恩格斯思想对立的结论。

不论是以"两种生产"的相关概念,还是以马克思恩格斯思想关系为切入点来考察两种生产理论与唯物史观的关系,不能避开两种生产是否违背了

---

① [英]莫里斯·布洛克:《马克思主义与人类学》,冯利等译,华夏出版社1988年版,第52页。
② [英]莫里斯·布洛克:《马克思主义与人类学》,冯利等译,华夏出版社1988年版,第60页。

唯物主义一元论的问题,这一问题的实质是物质生产和人的生产何者在社会历史发展中起决定作用的问题。以河上肇为代表的一些学者认为,恩格斯的理论完全破坏了唯物史观的一元论性质,社会生产是不能包含人类自身的生产的。[1]也就是说,恩格斯的两种生产理论强调的是物质生产和人的生产的双重决定作用,因而是一种二元论的观点。这一观点也得到了库诺夫、伯恩斯坦等人的赞同。

在20世纪30年代到50年代的苏联学界比较一致的倾向是抵制和批评恩格斯的两种生产理论。在1939年在苏联出版的《简明哲学词典》中,编者在解释《起源》条目时是这样论述的:"恩格斯的这本书补充了当时马克思主义在说明原始社会时的不足之处,迄今这本书还是研究历史唯物主义的重要材料。然而,恩格斯在该书中重复路·摩尔根的不合乎历史唯物主义概念的公式,即把社会分为蒙昧、野蛮和文明三个阶段。此外,恩格斯在序言中犯了一个错误,他指出:决定社会和社会制度的发展的,生产方式外,还有种的延续。实际上,决

---

[1] [日]河上肇:《唯物史观研究》(上),何嵩龄译,商务印书馆1926年版,第53、54、60页。

定社会发展的主要因素是物质资料的生产方式"①；之后，苏联经济学家列·阿·列昂节夫在《政治经济学》中也对《起源》进行了批评，强调恩格斯的两种生产理论是"对原始公社制度之发展的这种错误解释的根源……这个错误的意见，和马克思以及恩格斯本人许多非常明显的指示是相矛盾的……因此，我们就没有任何理由放弃马克思和恩格斯两人所提出的史的一元论观点，即使是在原始公社制度的问题上，拿二元论的观点来代替一元论的观点，也是错误的"②。在1955年出版的莫斯科中文版《马克思恩格斯文选》（两卷集）中，编者在注中强调："恩格斯将种的繁衍和生活资料的生产等同当作决定社会及社会制度发展的原因来看待是不确切的。但在《家庭、私有制和国家的起源》的文本中，恩格斯根据具体材料的分析，表明了物质生产方式是决定社会及社会制度发展的主要因素。"③苏联编者

---

① [苏]罗森塔尔、尤金：《简明哲学辞典》，中共中央马克思恩格斯列宁斯大林著作编译局译，人民出版社1955年版，第402页。
② [苏]列·阿·列昂节夫：《政治经济学》，解放社1949年版，第282页。
③ 《马克思恩格斯文选》（两卷集）第2卷，外国文书籍出版局1955年版，第170页。

在这里强调了恩格斯思想的矛盾性,即一种二元论的倾向。

与完全否定两种生产理论不同,在苏联学界,还有一些学者认为恩格斯的两种生产理论是对唯物史观的一种"修正"和"补充",即在《起源》之前,马克思恩格斯在探究社会发展动力问题时重点强调物质生产的决定作用,而《起源》则提出了两种生产的决定作用,修正和补充了马恩之前关于历史发展的决定性因素的看法。米海洛夫斯基秉持唯物史观从来没有被科学验证过的观点,指出由于在史前时期没有阶级斗争,恩格斯便对唯物主义历史观的公式加上这样一个"更正",即"在劳动生产率极低的原始时代,起首要作用的人自身的生产即子女生产,和物质财富生产同样是决定的要素"①。俄国资产阶级历史学家尼·伊·卡列也夫将马克思主义等同于"经济唯物主义",他在《欧洲通报》1894年4月号上的文章中指出:"恩格斯以新的思想补充了自己的观点,这种新的思想使得他的观点发生了本质的变化。假如在早年他只承认社会经济

---

① 转引自:《列宁选集》第1卷,人民出版社1995年版,第16页。

结构的研究是唯物史观的基础，那么后来，他承认家庭制度的研究亦有同等的意义，这是由关于婚姻关系和家庭关系的原始形态的新观念的影响而来的，它促使他不仅单单注意到生产物的生产过程，而同时亦要注意到人类后代的再生产的过程。在这一方面，影响特别地是从摩尔根的'古代社会'方面来的。"① 从这种观点出发，苏联的这一部分理论家同样是将"人的生产"看作人种繁衍的过程，而忽视了人的生产的社会性，同时他们也没有正确理解唯物史观。因此，这一观点遭到了列宁和普列汉诺夫等人的反对和批判，他们强调这种错误观点是从"经济唯物主义"而非"唯物主义"出发的。

列宁在《什么是"人民之友"以及他们如何攻击社会民主党人？》一文中针对米海洛夫斯基的观点反驳道："可是您究竟在马克思或恩格斯的什么著作中读到他们一定是在谈经济唯物主义呢？他们在说明自己的世界观时，只是把它叫作唯物主义而已。他们的基本思想是把社会关系分成物质的社会关系和思想的社会关系。思想的社会关系不过是物

---

① ［苏］普列汉诺夫：《论一元论历史观之发展》，博古译，生活·读书·新知三联书店1961年版，第116、117页。

质的社会关系的上层建筑,而物质的社会关系是不以人的意志和意识为转移而形成的,是人维持生存的活动的(结果)形式。……难道米海洛夫斯基先生以为子女生产关系是思想关系?"①他对《起源》的评价是:"这是现代社会主义的基本著作之一,其中每句话都是可相信的,每句话都不是凭空说的,而是根据大量的史料和政治材料写成的。"②普列汉诺夫在《论一元论历史观之发展》也驳斥了米海洛夫斯基和卡列也夫的观点,他强调恩格斯的两种生产理论实际上是指两种生产在人类社会发展的不同阶段具有不同的意义,在史前社会,由于生产力水平不发达,社会发展只是为物种的一般生活条件所决定;而在进入文明时代以后,生产力就起到了决定作用,两种生产理论并没有改变马克思和恩格斯原有的历史观。③苏联学者努烈也夫在分析马克思恩格斯思想的发展过程之后,指出两种生产理论在《起源》中出现决不是偶然的,也"决不是被

---

① 《列宁选集》第1卷,人民出版社1995年版,第18—19页。
② 《列宁选集》第4卷,人民出版社1995年版,第26页。
③ [苏]普列汉诺夫:《论一元论历史观之发展》,博古译,生活·读书·新知三联书店1975年版。

迫做出的让步和对唯物史观的偏离"①，同时他还分析了两种生产理论对理解历史过程的重要意义，不仅有利于分析原始公社制度，"还有助于说明其他社会经济形态、整个世界历史过程的分期，并且对理解资本主义以前的生产方式特别重要"②，恩格斯的态度是"唯物的、辩证的和历史的"。

值得注意的是，到20世纪50年代末期，苏联学界对恩格斯的两种生产理论的态度有了很大变化，开始出现肯定两种生产理论的观点，但依然强调两种生产理论的适用范围是原始社会及"两种生产"有主次之分。其中列昂节夫的转变最为明显，他写道："马克思主义的敌人，企图把恩格斯的研究工作说成是对摩尔根著作的简单的叙述。这与真实情况毫无共同之处……恩格斯在《起源》的序言中，使唯物主义历史观得到了进一步发展和

---

① ［苏］P.M.努烈也夫：《恩格斯论原始公社制度分期的基础》，载李百玲主编：《经典作家著作研究》第4卷，中央编译出版社2014年版，第433—434页。
② ［苏］P.M.努烈也夫：《恩格斯论原始公社制度分期的基础》，载李百玲主编：《经典作家著作研究》第4卷，中央编译出版社2014年版，第440页。

具体化，并把它推广用于研究人类的上古史。"① 另外，巴加图利亚在《马克思的第一个伟大发现》中认为，恩格斯在《起源》中阐明了以下原理："在人类社会历史发展的过程中，这两种生产形式的相互关系变化着，并引起社会形态发生质的变化……物质生产对人类社会不是永远起主要的决定因素的作用，它的作用是在社会发展进程中历史地产生的（因而可以认为：物质生产的作用不是永远如此）。"②

以上就是对两种生产理论评价的第三种倾向性观点，即两种生产理论与唯物史观是统一的，前者是对后者的重要发展。国内大部分学者也持相似观点，他们往往从"两种生产"的含义和关系出发，强调两种生产理论与唯物史观的一致性，认为《起源》与早期《形态》中所提到的生产理论并没有实质性区别，《起源》的"两种生产"理论并非恩格斯对唯物史观的"修正"，而是在原有思想基础上

---

① ［苏］列·阿·列昂节夫：《恩格斯在马克思主义政治经济学形成和发展方面的作用》，方钢等译，中国人民大学出版社1982年版，第203—204页。
② ［苏］巴加图利亚：《马克思的第一个伟大发现》，中国人民大学出版社1981年版，第86页。

遵循唯物史观进行的一以贯之的结论阐述，国内学者从不同的角度对这一观点进行了论证。

黄楠森在《马克思主义哲学史》中从生产力和生产关系的规律出发，强调恩格斯的两种生产理论，"第一次科学地指明了在人类改造自然、脱离自然的混沌状态而形成人类社会后，形成了新的物质基础和原动力"[①]，而且"人的生产"对社会生产过程的延续性有重要作用，而一些否定两种生产理论的观点"片面强调社会发展中的物质因素、经济内容，而忽视了人类自身的再生产对社会发展的制约性"[②]，因此，恩格斯的观点，并不违反历史唯物主义，而是对历史唯物主义的发展。洪韵珊的观点与此类似，认为恩格斯完全是"从研究古代社会的组织、社会制度发展同家庭形式发展的关系中得出这一新结论的"[③]，两种生产理论不仅符合他和马克思的一贯思想，而且是对他们共同观点的更明晰

---

① 黄楠森等主编：《〈马克思主义哲学史〉第3卷马克思主义哲学在巴黎公社后的传播和发展》，北京出版社1991年版，第375页。
② 黄楠森等主编：《〈马克思主义哲学史〉第3卷马克思主义哲学在巴黎公社后的传播和发展》，北京出版社1991年版，第378页。
③ 洪韵珊：《恩格斯晚年思想研究》，华中师范大学出版社1988年版，第273页。

的表达,即"任何社会生产都离不开人本身的再生产,但是,无论社会怎样发展,构成社会的人类本身始终是一切社会活动的主体。物质财富愈发达,围绕着人本身的研究愈应当受到重视"[1],这种观点并不违背唯物主义历史观。

崔新京在《两种生产理论的哲学探讨》中从历史唯物主义视角对"两种生产"理论进行了哲学探讨,指出马克思、恩格斯始终都是把"两种生产"作为历史唯物主义不可缺少的基本原理看待的,他们将其看作历史发展中的决定性因素,因此,"我们把两种生产理论确定为历史唯物主义的一个基本原理,是符合马克思主义哲学发展的客观史实的"[2],具体来说,两种生产具有决定性的历史作用,既是人类社会赖以生存的物质前提和现实基础,又是人类社会得以发展的物质根源和最终动力,"历史唯物主义是关于社会历史发展的原因、动力和一般规律的科学,而两种生产理论的基本内容恰恰集

---

[1] 洪韵珊:《恩格斯晚年思想研究》,华中师范大学出版社1988年版,第274页。
[2] 崔新京:《两种生产理论的哲学探讨》,载《辽宁大学学报》1990年第6期。

中显示了社会历史的存在基础、发展动力以及一般规律，典型地体现了历史唯物主义的本质特征，从根本上实现了历史唯物主义的理论任务"①。

江洋则以国内外学界的研究为基础，阐发了对"两种生产"的一个澄清，他认为："在马克思恩格斯的视域中，唯物史观并非经济唯物主义。……通过生育所进行的人的生产并非出于经济之外，并非出于生产力之外。"② 而且，"两种生产"理论是马克思恩格斯唯物史观一以贯之的思想，从《形态》到《资本论》及相关手稿都贯穿着"两种生产"的思想主线，不仅如此，"两种生产"理论还对唯物史观进行了进一步的丰富和发展，由此，"两种生产"并不是二元论，并且其定义、关系和作用在《起源》中逐渐明晰，在不同的历史发展阶段，"两种生产"的作用形式和重要性不尽相同。

朱传棨指出恩格斯的"两种生产"指的是生产本身的两个方面，这两个方面是互为前提和补

---

① 崔新京：《两种生产理论的哲学探讨》，载《辽宁大学学报》1990年第6期。
② 江洋：《"两种生产"理论——一个澄清》，载《学术界》2017年第12期。

充的，其"主体都是人，都是为了人类的生存发展……两种生产也是人类社会存在和发展的根本前提"①，因此，两种生产论是唯物史观的一元论，而不是二元论，是对唯物史观的发展和补充。徐亦让认为，两种生产理论并非说明生产力决定生产关系、经济基础决定上层建筑的原理在原始社会里不适用，而是说明这一原理有它自己特殊的表现形式，在原始社会表现为"由家庭关系决定的亲属制度"②，而且这种规律只要人类自身生产还表现为婚姻家庭的形式，即使到了共产主义社会也是适用的，因此，两种生产对社会制度的制约是人类历史发展的普遍规律。徐琳从"人的生产"作用的范围出发，指出恩格斯在两种生产理论的表述中所说的"一定历史时代""一定地区"这些限定条件说明，他是将家庭看作原始社会中的细胞，人口大繁衍影响着生产力，没有这个因素，也就没有家庭，进而也就构不成社会生产力的发展，之后随着生产力水

---

① 朱传棨：《恩格斯哲学思想研究论稿》，人民出版社2012年版，第298页。
② 徐亦让：《"两种生产"原理为什么不是"二元论"》，载《哲学研究》1980年第9期。

平的提高，人口和家庭因素的影响力也自然发生变化。[①] 马柏元等人认为，由于两种生产自身都具有自然关系属性和社会关系属性，两者都处于生产这个矛盾统一体中，二者相互对立，相互影响、制约，呈现出一种辩证统一关系，"从物质资料的生产和再生产的全部过程来看，生产、交换、分配、消费的每一个环节，都不能缺少人这一因素。可以说，人是整个社会活动的前提；从人口生产和再生产的全部过程来看，无论是人口数量，还是人口素质，都离不开物质资料的生产，可以说，物质资料的生产与再生产是人类存在的最基本条件"[②]。

赵家祥更加强调物质生产的决定作用，他指出，恩格斯在《起源》中虽然认为物质生产和人的生产都是历史中的决定性因素，但他和马克思却"从来没有把这两种生产在历史发展中的作用不分轻重主次、等量齐观，而是始终认为物质生产与人自身的生产相比，对于社会制度和社会发展的决定作用更

---

① 徐琳：《恩格斯哲学思想研究》，北京出版社1985年版，第271页。
② 马柏元、张彦修：《关于两种生产理论的思考——学习〈家庭、私有制和国家的起源〉》，载《河南师范大学学报》(哲学社会科学版) 1992年第1期。

根本、更重大"①，因而，那种将两种生产归入同一个生产过程并且将二者的作用同等看待的观点是违背恩格斯原意的，而且，那种认为马恩在任何情况下都将人的生产包括进物质生产的观点也是不正确的，因为马克思、恩格斯往往从多角度、多维度论述历史唯物主义的基本原理。

从以上分析可以看出，国内学界在对两种生产理论与唯物史观关系分析过程中往往延伸出对"两种生产"具体作用的分析，概言之，学界的解读主要有"两种生产共同决定论""两种生产依次决定论"和"两种生产一体论"三种思路。随着研究的深入，学界也出现了一些不同的观点。林锋在《"两种生产一体论"究竟是不是恩格斯的思想——基于〈家庭、私有制和国家的起源〉的文本解读》一文中针对"两种生产一体论"这一解读思路提出看法和质疑，他认为，这种观点虽然看到了"两种生产"之间的关联性——这是这一观点的合理之处，但是，这种观点的最大弊病在于"有意或无意地淡化或模糊'物质生活资料的生产'与'人自身的生产'的

---

① 赵家祥：《澄清对"两种生产"理论的误解》，载《北京大学学报》（哲学社会科学版）2009年第5期。

原则区别及二者的界限，抹杀'两种生产'各自的独立性、特殊性，消解'物质生活资料的生产'对人类历史整体进程所起的那种'归根结底'意义上的、独一无二的决定作用（其实这才是恩格斯与马克思一贯坚持的唯物史观基本立场），为所谓的'两种生产共同决定论'提供理论上的某种土壤"①。这种思路对于厘清"两种生产"之间的区别提供了启发，也有利于全面认识和分析两种生产理论。

除了对两种生产理论的具体作用进行分析，国内一些学者也从马克思恩格斯思想的关系视角入手进行研究。吴家华认为"马克思关于两种生产的思想为恩格斯的两种生产理论初步奠定了基础，而恩格斯的两种生产理论则是它的直接继续和深化"②，因而与马克思的思想是完全一致的，也是对唯物史观的"证实、深化、扩展和创新"③。这种发展主要

---

① 林锋：《"两种生产一体论"究竟是不是恩格斯的思想——基于〈家庭、私有制和国家的起源〉的文本解读》，载《东岳论丛》2018年第1期。
② 吴家华、任暟、侯衍社：《马克思恩格斯思想比较研究》，中国人民大学出版社2015年版，第137页。
③ 吴家华：《理解恩格斯：恩格斯晚年历史观研究》，安徽大学出版社2005年版，第122页。

表现在：一方面，它通过考察分析原始社会历史发展过程证实了唯物史观关于物质资料的生产在历史过程中的决定作用原理的普适性，另一方面又通过人的生产及其对史前社会发展的主导作用的考察分析说明了原始社会发展不同于文明社会发展的特殊规律；同时，通过对物质资料生产和人的生产关系及其在历史过程中的作用的辩证分析说明了两种生产支配历史发展的内在机制。这样，就在纵向上揭示了人类社会发展的普遍性和特殊性、统一性和多样性的辩证统一。同时，那些西方学者"并不了解两种生产理论的产生、形成和系统化的过程，正是这种思想上的片面性和僵化，导致他们得出了恩格斯的两种生产理论是与马克思的思想相矛盾的错误结论"[1]，他们"误把人本身的生产同物质资料的生产绝对对立起来，因而在分析二者关系时不是把两种生产理论理解为只承认血缘关系在原始社会中的决定作用而与历史唯物主义相对立，就是理解为只承认物质资料生产的唯一决定作用而陷入机械决

---

[1] 吴家华、任瞠、侯衍社：《马克思恩格斯思想比较研究》，中国人民大学出版社2015年版，第134页。

定论"①。

胡大平则将《起源》中的"两种生产"与之前《形态》中提出的"原始的历史的关系的四个因素"（物质生活资料的生产、物质生活资料的再生产、人口的繁衍和社会关系的再生产）进行对比，认为恩格斯在《起源》中将其进行了简化，合并成了两种，这只是有一些形式上的变化，但"对唯物主义历史观的科学性质并没有产生任何影响"②，两者的差异仅在于两种生产理论"通过把生产和再生产合起来并因此对四种生产进行了数学上合并同类项式的操作"③。

叶卫平认为，《起源》在很多观点上同马克思基本相同，恩格斯研究人类史前社会的目的和马克思完全一样，都是为了从人类史前社会发展的特殊规律中揭示它的普遍规律，进一步完善唯物史观的基本原理。恩格斯提出的"两种生产"的观点并不

---

① 吴家华、任暟、侯衍社：《马克思恩格斯思想比较研究》，中国人民大学出版社2015年版，第136页。
② 胡大平：《回到恩格斯：文本、理论和解读政治学》，江苏人民出版社2011年版，第309页。
③ 胡大平：《回到恩格斯：文本、理论和解读政治学》，江苏人民出版社2011年版，第313页。

是像西方马克思学者所说的那样,是与马克思的对立,反而说明了恩格斯在坚持唯物史观的基本原理的同时,善于认真研究生活的生产和再生产的不同方面在不同的社会形态中所发挥的不同作用。他并不像西方"马克思学"者所描绘的那样,是什么形而上学的唯物主义者,只看到了历史发展的普遍性而对其特殊性视而不见,只强调物质资料生产的决定性作用而将其他的推动因素搁置一边不管。①

另外,还有一些学者从《起源》与马克思的《人类学笔记》的联系出发进行研究。艾福成表达了他对恩格斯两种生产理论的理解:第一,表述了"两种生产"的不同含义,揭示了它们在历史中的不同作用及其相互关系;第二,对社会发展的一般规律做了更为完全的表述,指出两种生产是历史发展中的决定因素,一定时代和一定地区内的社会制度都受它们的制约,尽管两者所起的制约作用是不同的;第三,科学地表述了原始社会发展的规律性,指出原始社会由于生产力水平低下,社会制度在较大程度上受血族关系的支配,人类自身生产起

---

① 叶卫平:《西方"马克思学"研究》,北京出版社1995年版,第119页。

了主要的决定作用。① 张奇方与艾福成的观点类似，指出："两种生产并不是恩格斯的新观点，而是他和马克思共同提出和坚持的一贯理论……马克思晚年的《人类学笔记》的发表不仅推翻了批评恩格斯'违反一元论历史观'的无端指责，而且使我们更深一层地领悟到'血缘关系'作为历史唯物主义范畴的重要意义和潜在作用。"② 黄楠森指出，马克思晚年的《人类学笔记》是"经过精心挑选、改造和补充，用以丰富唯物史观，确证、充实他对早期人类社会的论断，还表明了马克思许多宝贵的思想和一些问题的构想及其研究的趋势"。③

关于"两种生产"的含义问题，国内学者在20世纪八九十年代讨论得比较多，代表学者有孙美堂、朱法贞、史国藩等，他们主要的观点是不能把"人类自身的生产"简单地归结为人口问题，但在

---

① 艾福成：《马克思晚年对历史唯物主义的发展》，载李百玲主编：《经典作家著作研究》第4卷，中央编译出版社2014年版，第267—268页。
② 张奇方：《马克思晚年"人类学笔记"的启示》，载李百玲主编：《经典作家著作研究》第4卷，中央编译出版社2014年版，第310页。
③ 黄楠森等主编：《〈马克思主义哲学史〉第3卷马克思主义哲学在巴黎公社后的传播和发展》，北京出版社1991年版，第338页。

原因上还存在分歧，关于这个问题讨论主要与我国当时的国情有关。以孙美堂为代表的学者认为"人的生产"与"人口生产"中的"人"的含义不同，前者是指历史的主体，而后者则是某种外在的量的因素①；朱法贞等人则认为二者的区别在于"人口问题只是人本身生产中的一个方面"②。

回归文本，人们可以发现，恩格斯在序言中的论述一方面指出了"两种生产"的关系，作为历史中的决定性因素，二者在统一的社会生产中，既互相区别，又互相联结，制约着社会的发展，推动历史的前进；另一方面指出了"两种生产"的发展状况，两者在社会发展的不同阶段，从属关系和作用是截然不同的——在原始社会，生产力低下，生产关系和血族关系尚未分化开来，社会组织是建立在血族关系基础上的。因此，社会制度就在更大的程度上受人类自身生产的制约，物质生活资料的生产也在很大程度上受人类自身生产的影响。但是，随

---

① 孙美堂：《关于"两种生产"真正含义的辨析》，载《东岳论丛》1906年第3期。
② 朱法贞：《"两种生产"涵义再辨析——与孙美堂同志商榷》，载《东岳论丛》1987年第3期。

着物质资料生产的发展和社会关系的变化，私有制和阶级出现以后，人口的生产就越来越服从物质资料的生产，家庭关系也就越来越受所有制关系的制约了。但是，这并不意味着人口的生产在后来就对社会发展毫无意义了，两种生产始终都对历史发展起着制约作用。因此，恩格斯在新的历史条件和材料基础上提出的"两种生产"理论，进一步发展了唯物史观，而并非对先前唯物史观的"修正"。

3. 关于《起源》中体现的历史观研究

除了两种生产理论，历史发展路径的单线性和多线性问题也是学界研究《起源》的焦点问题，关于恩格斯在《起源》中体现的历史观是否是单线论、是否存在历史观上的马恩对立、两人在历史观上有何种分歧等问题的讨论，在西方马克思主义学派及国内一些学者中间展开。

以克拉德、诺曼·莱文、布洛克等人为代表的西方马克思主义学派将马克思的《人类学笔记》与恩格斯的《起源》对立起来，总体上认为，马克思在历史观上是多线发展论者，而恩格斯在《起源》中体现的则是一种单线论。

按照克拉德的分析逻辑，恩格斯在单独作者的著作中是单线发展论者,而在和马克思在一起时则是多线发展论者①,恩格斯最主要的问题在于"没有掌握一和多、抽象和具体、一般和特殊之间的关系的辩证法"②,是片面的,而马克思的思考路向则是从抽象到具体的辩证法,马克思通过对古罗马人和犹太人中家庭进化的多种形式进行考察,首先批判了社会单线发展论,"但这种批判无论在恩格斯那里,或在……柯瓦列夫斯基那里都找不到的"③。恩格斯在《起源》中的人类进化学说中"只是部分地和科学唯物主义,或者在具体形式上和辩证唯物主义有关系……采取了单线的发展观点,而且在这一点上比摩尔根更严格"④。

更进一步,诺曼·莱文提出并坚持马恩思想对立论,他首先给两人的立场做了论断——马克思的

---

① 著作包括《反杜林论》《共产党宣言》(1882年俄文版)《共产党宣言》(1890年德文版)。
② [美]劳伦斯·克拉德:《马克思和恩格斯在民族学著作方面的比较(二)》,莫立知译,载李百玲主编:《经典作家著作研究》第4卷,中央编译出版社2014年版,第261页。
③ [美]劳伦斯·克拉德:《作为人类学家的马克思》,载《纽约科学院学报》第2类第35卷第4期。
④ [美]劳伦斯·克拉德:《马克思和恩格斯在民族学著作方面的比较(一)》,莫立知译,载李百玲主编:《经典作家著作研究》第4卷,中央编译出版社2014年版,第243页。

历史观是建立在他的自然人道主义的基础之上的，是辩证唯物主义的，而恩格斯的历史哲学是他的形而上学的唯物主义在历史领域的应用，完全是经济决定论。他认为，马克思研究人类学并不是要证明"一种可以预知的单线性分阶段发展的历史观点"[①]，在马克思看来没有必要提出发展的固定程式，社会的发展方向取决于人与人之间或者人与生产资料之间的一种关系，并不局限于物质，因此，历史是一个多线性的发展过程，"每个社会都根据它所组成的独特对立面向前发展"[②]。而在《起源》中，恩格斯力图证明社会的各种发展形式都是由经济决定的，"恩格斯相信历史的运动完全取决于经济——即生产工具和生产带来的利润刺激——所有各种社会都必然要经历一整套固定的发展阶段，即经历一种单线性分阶段发展的过程……所有一切社会都必

---

① ［美］诺曼·莱文：《马克思和恩格斯思想中的人类学》，林强译，载《马克思主义来源研究论丛第15辑特辑马克思人类学笔记研究译文集》，商务印书馆1993年版，第64页。
② ［美］诺曼·莱文：《马克思和恩格斯思想中的人类学》，林强译，载《马克思主义来源研究论丛第15辑特辑马克思人类学笔记研究译文集》，商务印书馆1993年版，第70页。

然遵循一种工艺进化的统一方向发展"①，例如婚姻的三种形式完全符合人类发展的三个主要阶段：蒙昧时期过部落游牧生活，实行群婚；野蛮时期从事畜牧业和农业，实行氏族制；文明时期发展了工艺技术，始实行一夫一妻制，甚至国家也是经济发展到产生了私有制和阶级时候的产物。因此可以证明马克思恩格斯在历史观上是对立的。

布洛克同样持批评的态度，他认为，《起源》为社会的进化提供了"一条单一、固定的路线"，即"一条极其严格的直线进化理论"②。恩格斯首先指出原始社会不存在阶级，这也就必然决定了"他与马克思共同创建的复杂而严谨的历史理论并不适用于原始社会的研究……这一结论，是把马克思主义对人类学的修辞学利用和历史学利用两个方面相融合而提出来的"③。这种观点使得恩格斯在论述原始

---

① ［美］诺曼·莱文:《马克思和恩格斯思想中的人类学》，林强译，载《马克思主义来源研究论丛第15辑特辑马克思人类学笔记研究译文集》，商务印书馆1993年版，第50、64页。
② ［英］莫里斯·布洛克:《马克思主义与人类学》，冯利等译，华夏出版社1988年版，第108页。
③ ［英］莫里斯·布洛克:《马克思主义与人类学》，冯利等译，华夏出版社1988年版，第20页。

社会时陷入了简单的功利主义的解释之中。布洛克还分析了《起源》与马克思晚年《人类学笔记》之间的关系,"就笔记而言,摩尔根的理论框架整个被驾驭在马克思的广阔视野之内"①,而且马克思当时并没有重点关注进化序列的问题。《人类学笔记》不仅"包含了马克思有关前资本主义制度进化理论的许多基本原理,还包含了有关资本主义起源理论的许多更为直接的观点,然而,整个进化图式是模糊不清的……其核心问题就是意欲回答马克思资本理论的基本而初步的问题,即在资本主义的具体规划中,当财产还没有具体化之时,何谓财产?当社会关系没有被资本主义的非个人意识所左右之时,它们是如何被具体化,又是如何被操纵的?"②。而在《起源》里,可以得出这样的印象,"书中大量篇幅实际上是恩格斯承袭摩尔根的。这就使恩格斯有可能满腔热忱地分享相当专业性的材料……恩格斯似乎对摩尔根更有热情。马克思主要是把摩尔根的著

---

① [英]莫里斯·布洛克:《马克思主义与人类学》,冯利等译,华夏出版社1988年版,第53页。
② [英]莫里斯·布洛克:《马克思主义与人类学》,冯利等译,华夏出版社1988年版,第45页。

作作为有关异域各种社会的材料源泉"①。

也有一些学者从马克思晚年关心东方俄国社会的发展问题出发,尤其关注马克思给俄国女革命家维·伊·查苏利奇回信的三个草稿内容,得出马克思持有一种多线发展倾向,进而强调马恩之间的对立。总的来说,西方马克思主义学者认为《起源》提出了社会发展的单线模式,这一模式坚持经济对政治的决定作用,坚持生产方式的矛盾运动对社会发展的决定作用,是形而上学。这种观点得到了一些国内外学者的反对和批判,主要可以分为两个角度:一是从恩格斯《起源》中的历史观出发,二是从马克思晚年的历史观出发。其中就涉及关于摩尔根的《古代社会》、马克思的《摩尔根〈古代社会〉一书摘要》(本篇简称《摘要》)以及恩格斯的《起源》的区别及联系、马恩对社会经济形态分期以及俄国问题的理解等一系列问题。

德国学者约·海尔曼从恩格斯关于社会经济形态的理论入手,认为不能把《起源》作为论据来反对马克思和恩格斯关于东方关系或者说"亚细亚生

---

① [英]莫里斯·布洛克:《马克思主义与人类学》,华夏出版社1988年版,第53页。

产方式"的观点。恩格斯在《起源》中所要明确探讨的问题是"通往现代社会主义的主要途径或者说原初途径,而不是对前资本主义社会的发展做出全面分析"①,而且"历史的三段式以及与此相关的三大形态(原始共产主义、以私有财产和剥削为基础的阶级社会和共产主义)的内在历史联系是恩格斯根据已经提出的现实阶级斗争问题及前进中的历史认识问题而发现的"②。马克思在研究了摩尔根的著作之后得出了与恩格斯相同的结论,即在三大形态之内,不论马克思还是恩格斯都强调了社会经济条件,他们并"没有由于明确了三大形态的交叉联系而忽略甚至贬低几十年前就已经获得的关于构成历史发展基础的,并由于生产力合乎规律地提高和发展而在革命的阶级斗争中相继取代的社会经济形态的认识。社会的历史总是在这些社会经济形态或社

---

① [德]约·海尔曼:《〈家庭、私有制和国家的起源〉的意义和影响》,高爱贺译,载李百玲主编:《经典作家著作研究》第4卷,中央编译出版社2014年版,第125—126页。
② [德]约·海尔曼:《"现代社会主义主要著作之一"——纪念恩格斯的〈家庭、私有制和国家的起源〉发表一百周年》,刘昌华译,载中共中央党校科研办公室编:《恩格斯生平和他的理论贡献:外国学者论家庭、私有制》,中共中央党校科研办公室1986年版,第228页。

会制度的更迭中进行"①。因此,所谓恩格斯的"单线论"是不能成立的。在马恩思想的关系上,海尔曼强调马恩的思想是完全一致的,"恩格斯研究摩尔根的成果用的是辩证唯物主义观点……不仅仅存在着同马克思的完全一致,而且恩格斯根据马克思的《摘要》和他们共同的历史唯物主义的历史理论,必要时还对摩尔根的成果做了'颠倒',并且揭示出摩尔根研究成果中的历史辩证的联系……恩格斯完全遵从马克思的设想"②。

S.H.里比格等人对恩格斯在《起源》中体现了单线世界历史发展观的观点持反对态度,因为恩格斯在《起源》中并没有涉及过多东方国家发展的内容,在讨论西方历史时,恩格斯承认在阶级社会之前,公共财产形式具有多样性,并列举了三种达到国家组织形式的途径,所有人类发展都经历了蒙昧

---

① [德]约·海尔曼:《"现代社会主义主要著作之一"——纪念恩格斯的〈家庭、私有制和国家的起源〉发表一百周年》,刘昌业译,载中共中央党校科研办公室编:《恩格斯生平和他的理论贡献:外国学者论家庭、私有制》,中共中央党校科研办公室1986年版,第228页。
② [德]约·海尔曼:《〈家庭、私有制和国家的起源〉的写作过程》,高爱贺译,载李百玲主编:《经典作家著作研究》第4卷,中央编译出版社2014年版,第145—146页。

阶段,"但随着野蛮时代的到来,旧大陆和新大陆的居民便各自循着自己独特的道路发展"①,不仅如此,恩格斯关于俄国的有关论述也体现了他"对历史发展多种路径的意识"②,因此,恩格斯与马克思在唯物史观上本质上是一致的。

苏联学者古拉姆·科拉纳什维利认为,马恩即使在了解了摩尔根的氏族组织理论之后,也没有改变关于东方社会典型特点的看法,在《起源》中,恩格斯只是论述了西欧范围内的当代社会与政治制度,那种"认为恩格斯在八十年代激剧地改变了他关于东方社会的观点,从而与马克思的观点对立起来的说法是错误的"③。马克思和恩格斯"不承认历史单线阶段发展的概念,这与很多资产阶级科学家的解释相反,与苏联的五阶段进化方案的追随者的

---

① 鲁克俭:《国外马克思学研究的热点问题》,中央编译出版社2006年版,第67页。
② 鲁克俭:《国外马克思学研究的热点问题》,中央编译出版社2006年版,第68页。
③ [苏]古拉姆·科拉纳什维利:《摩尔根对恩格斯的影响:亚细亚社会问题》,王竞译,载《马克思主义来源研究论丛第15辑特辑马克思人类学笔记研究译文集》,商务印书馆1993年版,第386—387页。

解释也不一样"①。

还有些学者从问题的另一面——马克思的历史观出发,对马恩对立论进行反驳。徐琳等人从马克思《摘要》的基本结构出发指出,晚年的马克思并不是多线发展论者,因为马克思在《摘要》中对《古代社会》的结构进行了改造,由原来的"生产技术的发展——政治观念的发展——家庭形式的发展及私有制的产生"改为"生产技术的发展——家庭形式的变化——私有制及国家的产生",在这里马克思仍然强调生产力发展对人类社会发展的决定作用,"揭示了人类原始社会的基本结构及其普遍发展的内在逻辑或基本阶段"②。恩格斯和马克思一样,从始至终认为世界各民族从原始社会向阶级社会过渡的方式和过程是具有多样性的,《起源》并没有制定"唯一的社会进化模式"。另外,在对待俄国问题上,马克思虽然在晚年书信中一再说明俄

---

① [苏]古拉姆·科拉纳什维利:《摩尔根对恩格斯的影响:亚细亚社会问题》,王竞译,载《马克思主义来源研究论丛第15辑特辑马克思人类学笔记研究译文集》,商务印书馆1993年版,第386—387页。
② 徐琳、唐源昌主编:《恩格斯与现时代——兼评"西方马克思主义"和西方"马克思学"》,中国人民公安大学出版社1994年版,第285页。

国历史不同于西欧历史，但这里的"不同"实质上是指西欧"原始资本积累"的过程与规律并不一定适用于俄国，而不是说俄国完全可以不经过资本主义这一普遍的、必然的历史阶段。因此，制造马恩对立的西方马克思主义学者只是抓住了马克思、恩格斯"在研究社会历史方面的重点不同及其思维方式、语言表达方式等表面上差异加以曲解"①。这种从研究文本结构出发对思想倾向进行判断的思路对于正确理解马克思、恩格斯的思想具有重要的方法论意义，同时，这也是对"恩格斯对《古代社会》进行简单复述和总结"观点的有力反驳。

针对俄国问题，以黄楠森为代表的学者指出，从马克思的晚年笔记中，可以看到这样一种倾向，19世纪70年代以后，马克思的思想发生了变化，马克思的唯物史观揭示的社会发展的普遍规律在发达的欧洲资本主义国家表现为一般的过程，由于革命形势的变化，"如何在非欧地区，特别是在世界上那些尚属非资本主义地区和不发达的农民占多

---

① 徐琳、唐源昌主编：《恩格斯与现时代——兼评"西方马克思主义"和西方"马克思学"》，中国人民公安大学出版社1994年版，第283页。

数的地区及社会中的特殊表现"①,成为马克思关注的焦点问题。因此,马克思在晚年是"在探索一种不同于宗主国无产阶级的殖民地农民革命的新的形式"②,这是马克思思想研究工作的新趋势,并不能说马克思存在"历史多线发展观",而是对唯物史观的深化和发展。

最终,关于历史观的讨论还是要回到《起源》与唯物史观的关系问题,反对马恩历史观对立的学者一般都认为《起源》中将古代社会也纳入唯物史观的范畴中,扩大了唯物史观的前提,丰富和发展了唯物史观。埃迪塔·纳格尔指出,《起源》第一次从历史唯物主义的立场出发对原始社会的社会形态及其向阶级社会的过渡进行了全面分析和完整论述,研究了不同社会形态的婚姻和家庭形式的发展,指出了私有制和阶级产生的历史条件,从而对国家产生的原因及其本质等问题给予了科学的回答,对唯物主义历史观的进一步发展和全面阐述做出了重大贡献,"把历史唯物主义的理论和方法用于研究人类社会最早期的发展阶段,丰富了唯物主

---

①② 黄楠森等主编:《〈马克思主义哲学史〉第3卷马克思主义哲学在巴黎公社后的传播和发展》,北京出版社1991年版,第339页。

义历史观并指出这一观点对一切历史阶段都是普遍适用的"①。艾福成认为,恩格斯的《起源》与马克思的民族学笔记有着直接的密切联系,"从基本内容来看,二者是一致的,根本谈不到有什么矛盾和背离"②。《起源》的基本线索遵循了马克思《摘要》的结构顺序安排,《起源》基本思想和结论是在马克思民族学笔记基础上概括总结出来的,对唯物史观做了重要补充和发展,因此可以说,"民族学笔记是《起源》的准备,而《起源》则是民族学笔记一部分重要内容的结晶"③。

胡大平认为,《起源》中恩格斯对不同家庭形态及其变化的研究与《形态》中的研究方法以及马克思在《资本论》及其手稿中发展的历史科学方法是一致的,他强调的是"社会经济条件的决定性意

---

① [德]埃迪塔·纳格尔:《关于〈家庭、私有制和国家的起源〉一书产生的历史及其在德国的出版(1884—1984)》,载中共中央党校科研办公室编:《恩格斯生平和他的理论贡献:外国学者论家庭、私有制》,中共中央党校科研办公室1986年版,第206、207页。
② 艾福成:《马克思晚年对历史唯物主义的发展》,载李百玲主编:《经典作家著作研究》第4卷,中央编译出版社2014年版,第268页。
③ 艾福成:《马克思晚年对历史唯物主义的发展》,载李百玲主编:《经典作家著作研究》第4卷,中央编译出版社2014年版,第268页。

义"[1]。因此,《起源》是对唯物主义历史观的一种深化,"不只是以摩尔根的《古代社会》作为契机通过对家庭、私有制和国家的起源的科学阐明从而证实了唯物主义历史观的解释力,捍卫了历史科学,它也扩大了唯物主义历史观的适用范围和基础"[2]。

总的来看,不论是关于两种生产理论的讨论,还是关于历史发展单线或多线性论争,最为核心的问题在于判断恩格斯晚年唯物史观立场是否发生了转变,《起源》中的相关分析是否一以贯之地继承了马克思的思想,这也是西方马克思主义学者与社会主义国家的一些学者一直以来争论的重要关键点。

4. 关于《起源》中的国家观研究

在政治学研究领域,《起源》涉及重要的概念——国家。由于《起源》产生的时代和政治背景,关于资产阶级国家和无产阶级革命的讨论也在继续,学界首先聚焦于国家的起源问题。恩格斯在《起源》中对国家的起源和发展规律进行了全面

---

[1] 胡大平:《回到恩格斯:文本、理论和解读政治学》,江苏人民出版社2011年版,第314页。
[2] 胡大平:《回到恩格斯:文本、理论和解读政治学》,江苏人民出版社2011年版,第316页。

总结，首先，"国家决不是从外部强加于社会的一种力量。……国家是社会在一定发展阶段上的产物；国家是承认：这个社会陷入了不可解决的自我矛盾，分裂为不可调和的对立面而又无力摆脱这些对立面。而为了使这些对立面，这些经济利益互相冲突的阶级，不致在无谓的斗争中把自己和社会消灭，就需要一种凌驾于社会之上的力量，这些力量应当缓和冲突，把冲突保持在'秩序'的范围以内；这种从社会中产生但又自居于社会之上并且日益同社会相异化的力量，就是国家"①。阶级社会中的国家"是最强大的、在经济上占统治地位的阶级的国家，这个阶级借助于国家而在政治上也成为占统治地位的阶级，因而获得了镇压和剥削被压迫阶级的新手段"②；国家随着阶级的产生而产生，也必然随着阶级的消灭而消亡。

就国外学界而言，一些学者对恩格斯的国家观进行了高度评价，他们认为，这段论述批判了在国家起源问题上的一些主要的错误观点——暴力论和黑格尔客观唯心主义的国家观，划清了马克思主义

---

① 《马克思恩格斯文集》第4卷，人民出版社2009年版，第189页。
② 《马克思恩格斯文集》第4卷，人民出版社2009年版，第191页。

的国家起源论与各种唯心主义的国家起源理论之间的原则界限。

具体来说，2011年，英国马克思主义史学家埃里克·霍布斯鲍姆在分析马克思主义国家理论时也提到了《起源》的贡献，"主要是在1870年之后，马克思尤其是恩格斯概述了国家——作为阶级社会发展的结果——的历史起源和发展的更一般的模式，最全面的阐述是在《起源》（1884）中，这一文本后来意外地成为列宁讨论的起点"①。

埃迪塔·纳格尔指出，恩格斯为马克思主义国家理论的进一步阐述和发展作出了重大贡献，苏联和社会主义国家的马克思列宁政党的理论和思想工作依据的仍然是《起源》一书中所阐述的马克思主义的国家理论，同时他们通过对社会主义和共产主义建设实践经验的理论总结不断地补充、丰富和发展着这一理论。② 坎普夫迈尔认为，恩格斯"历史

---

① ［英］埃里克·霍布斯鲍姆：《如何改变世界——马克思和马克思主义的传奇》，中央编译出版社2014年版，第49页。
② ［德］埃迪塔·纳格尔：《关于〈家庭、私有制和国家的起源〉一书产生的历史及其在德国的出版（1884—1984）》，载中共中央党校科研办公室编：《恩格斯生平和他的理论贡献：外国学者论家庭、私有制》，中共中央党校科研办公室1986年版，第207、218页。

地阐述了国家的起源以及这种强制机关和权力机关的消灭,从而深化了马克思关于国家的阶级性质的基本思想"①,同时,他指出妇女在经济上越来越独立了,现代化大工业中妇女的劳动范围在扩大,从而特别有力地说明了妇女争取解放斗争的意义。

东克尔认为,"如果有人一般地赞同库诺夫对'家庭'一章所作的主要批评,那么他就必须坚决拒绝库诺夫和考茨基否认国家是由导致原始社会崩溃的阶级分化而产生的观点,而把每个国家仅仅看成是一个胜利的民族统治另一个被战胜的民族的暴力组织的观点,以免我们又回到被马克思、恩格斯充分驳斥的庸俗'暴力论'"②。

日本学者上野俊树在《〈家庭、私有制和国家的起源〉的当代意义》一文中,从国家角度对《起源》的意义进行考察,总结恩格斯的观点是作为国

---

① [德]坎普夫迈尔:《第二十三版〈家庭、私有制和国家的起源〉的序言》,载中共中央党校科研办公室编:《恩格斯生平和他的理论贡献:外国学者论家庭、私有制》,中共中央党校科研办公室1986年版,第246页。
② [德]东克尔:《〈家庭、私有制和国家的起源〉引言》,王亚汶译,载中共中央党校科研办公室编:《恩格斯生平和他的理论贡献:外国学者论家庭、私有制》,中共中央党校科研办公室1986年版,第221页。

家权力萌芽的公社的社会职位对社会的独立化,是国家的形成过程。他认为,国家的作用就是承担公共职能,"所谓执行承担公社共同利益的职能,是就特殊的社会经济结构说的,并不是指为在氏族制度中占统治地位的原始公社的共同利益而执行的职能,它也不意味着在该社会的成员已经存在着阶级差别时,仍然为一切社会成员的利益执行职能"①。同时,他还分析了《起源》对《反杜林论》中国家观的发展②,"《反杜林论》说明了国家是从原始公社产生的,《起源》由于掌握了氏族公社——自然的血族团体概念,从而把《反杜林论》中的承担公社公共事务的机构看作氏族制度的机构,因此,它便从氏族制度机构的性质改变、改造和被排

---

① [日]上野俊树:《〈家庭、私有制和国家的起源〉的当代意义》,周铁山译,载中共中央党校科研办公室编:《恩格斯生平和他的理论贡献:外国学者论家庭、私有制》,中共中央党校科研办公室1986年版,第252页。
② 在国家特征上,《起源》发展之处体现在:第一,说明了按地区划分国家成员即国民;第二,说明了公共权力的内容;第三,说明存在与公民相对应的警察;第四,阐明了公共权力形成的过程。

挤过程的联系上考察了国家产生的历史"①。关于恩格斯在《起源》中叙述国家的产生历史的方式,上野俊树类比了《资本论》中的论述方式,"从《资本论》可以看到,它说明已经形成的资本所用的方法,同说明资本产生历史的方法是不同的"②,因而在分析《起源》时也要注意"《起源》关于国家的叙述,主要是通过国家产生历史的叙述,来阐明最早的、简单的国家概念。在国家产生历史的叙述这一点上,《起源》同此后撰写的关于最发展的国家的叙述,即用辩证法叙述资本主义国家的方法当然要不同"③,从而从写作方法上论证了《起源》国家观的合理性。

另有一些学者对《起源》的国家观进行了批评,认为这是一种粗略的简单化了的国家观,代表学者包括卢卡奇、克拉德等。恩格斯认为雅典国家

---

① [日]上野俊树:《〈家庭、私有制和国家的起源〉的当代意义》,周铁山译,载中共中央党校科研办公室编:《恩格斯生平和他的理论贡献:外国学者论家庭、私有制》,中共中央党校科研办公室1986年版,第258页。
②③ [日]上野俊树:《〈家庭、私有制和国家的起源〉的当代意义》,周铁山译,载中共中央党校科研办公室编:《恩格斯生平和他的理论贡献:外国学者论家庭、私有制》,中共中央党校科研办公室1986年版,第262页。

的产生是一般国家产生的一个典型例子,即在氏族体系的内部进行,没有任何外在暴力干涉。卢卡奇认为这种论述是不确切的,其实这并不是完全典型的一个过渡方式。克拉德对卢卡奇的观点进行了评论,克拉德认为恩格斯和卢卡奇都犯了简单化的错误,"恩格斯所要解决的是一个比较复杂的问题,可是恩格斯对它的说明却太简略了,通过征服形成国家的理论在当时为许多人所相信……卢卡奇提出的简单化的指责一部分是有道理的,但是显然情况比他所说的更复杂,他也犯了简单化的毛病"[①]。进而,克拉德对恩格斯关于国家起源的观点进行了评价,恩格斯将国家发展看作一种"完全纯粹的"情况,"撇开了自然的关系,从而撇开了与周围的公社、氏族、部落的关系"[②]。在这里恩格斯并没有考虑"从社会生活的公社形式向政治形式过渡的时期中人对自然的不断变化的关系,也不承认公社之间

[①] [美]劳伦斯·克拉德:《马克思和恩格斯在民族学著作方面的比较(一)》,莫立知译,载李百玲主编:《经典作家著作研究》第4卷,中央编译出版社2014年版,第244页。
[②] [美]劳伦斯·克拉德:《马克思和恩格斯在民族学著作方面的比较(二)》,莫立知译,载李百玲主编:《经典作家著作研究》第4卷,中央编译出版社2014年版,第261页。

的经济交换或征服这种外部关系"①。

针对恩格斯在《起源》中强调国家是社会分工的机构,能够随着阶级的消失而逐渐消亡或停止存在,伯恩斯坦对此持批评态度。他认为,"国家越是不再作为阶级统治或阶级统治的机构,它起作用的范围就越大。国家从一开始就不只是一个纯粹的阶级压迫工具。在形成定居于有限领土之内的不再是只由家族联系在一起的大的民族单位的同时,出现了国家"②。因此,国家是聚居地人口数量和居民点密度增长的产物。国家的存在和发展依赖于经济能力的强大和外部环境的和平,正在上升的国家尽管是阶级统治的手段,但也是伟大社会进步的承担者和体现者。而且,"国家的消亡,不只以阶级统治的停止为前提,而且也以大的国家单位解体为小

---

① [美]劳伦斯·克拉德:《马克思和恩格斯在民族学著作方面的比较(二)》,莫立知译,载李百玲主编:《经典作家著作研究》第4卷,中央编译出版社2014年版,第261页。
② [德]爱德华·伯恩斯坦:《关于恩格斯论家庭起源的浅见——〈家庭、私有制和国家的起源〉意文版序》(1900),载中共中央党校科研办公室编:《恩格斯生平和他的理论贡献:外国学者论家庭、私有制》,中共中央党校科研办公室1986年版,第243页。

型团体和集团的松散联合为前提"①。伯恩斯坦认为，剥削者、压迫者的国家将消亡，只有说到这个程度才是对的，但它只是国家的一种形式，而不是笼统的国家。

由此，关于国家的产生，存在两方观点的分歧：一种观点是以恩格斯为代表的认为国家产生于氏族的自行瓦解的观点；另一种则是以伯恩斯坦为代表的国家产生于一个民族征服另一个民族的观点。这实际上就涉及关于如何看待资产阶级国家的问题。苏联学者塔尔塔科夫斯基在论述《起源》的创作史时指出，"恩格斯认为研究人类远古史是理解现代资本主义的很多实际现象的钥匙"②，在《起源》中恩格斯找到了国家必然要灭亡的证据，并在科学史上"第一次真正科学地用马克思主义的观点说明了人类社会存在早期的复杂的历史问题"③，揭示了

---

① ［德］爱德华·伯恩斯坦：《关于恩格斯论家庭起源的浅见——〈家庭、私有制和国家的起源〉意文版序》(1900)，载中共中央党校科研办公室编：《恩格斯生平和他的理论贡献：外国学者论家庭、私有制》，中共中央党校科研办公室1986年版，第244页。
②③ ［苏］塔尔塔科夫斯基：《恩格斯〈家庭、私有制和国家的起源〉一书的创作史》，载北京图书馆马列著作研究室编：《马恩列斯研究资料汇编（1980）》，书目文献出版社1982年版，第125页。

资产阶级的剥削性，展示了新的社会制度的概貌，展现了批判现代资产阶级关系同考察主要历史问题紧密相连的特征。而对西方马克思主义将《起源》说成是家庭史概论等一些批评观点，塔尔塔科夫斯基认为这是曲解，《起源》中关于私有制和国家起源的思想十分丰富，具有革命性。

国内学者方面，对《起源》国家观的研究主要聚焦于内容、意义及一些争议问题的研究。辛向阳在《〈家庭、私有制和国家的起源〉中的国家理论及其思想意义》一文中指出，恩格斯在《起源》中系统阐发了马克思主义国家理论，恩格斯之所以在《起源》中突出研究国家起源问题，首先是因为这个问题被资产阶级学者弄得十分混乱，其次是这些错误观点不断渗透到工人运动中去，使工人运动发展出现问题，为了回应这些错误理论，必须对国家起源问题进行科学回答。《起源》中的国家观不仅对国际共产主义运动中清理错误思想产生了重要积极影响，而且对于推进国家治理体系现代化具有重要的现实意义。[①]洪韵珊指出，恩格斯在《起源》

---

① 辛向阳：《〈家庭、私有制和国家的起源〉中的国家理论及其思想意义》，载《思想理论教育导刊》2015年第7期。

中得出的新结论，修改了《共产党宣言》中"到目前为止的一切社会的历史都是阶级斗争的历史"这一不确切的论断，改为"有文字可考的全部历史都是阶级斗争的历史"①。

在国家起源的模式问题上，学界普遍认为，恩格斯在《起源》中以此讨论了希腊雅典、罗马和德意志的起源问题，并以此为基础提出唯物史观关于国家起源的三种独立模式或道路，也就是"雅典模式""罗马模式"和"德意志模式"，三种模式的国家起源路径是不同的。这种观点得到了多数国内外学者的支持，例如英国历史学家利各比、苏联学者谢辽夫、中国学者黄楠森、汪永祥等。另外，这种观点也逐渐遭到了质疑，林锋认为这种观点是对恩格斯关于国家起源思想的误读，恩格斯并未将三个国家的起源作为三种特定的模式，而只是"恩格斯用以探索人类原生国家起源一般规律的三个具体个案"②。就具体的"罗马模式"而言，林锋认为一方

---

① 洪韵珊：《恩格斯晚年思想研究》，华中师范大学出版社1988年版，第272页。
② 林锋：《恩格斯真的提出了国家起源的"罗马模式"吗？——以〈家庭、私有制和国家的起源〉文本解读为依据》，载《教学与研究》。2006年第5期。

面由于当时关于罗马国家起源的资料不足,恩格斯无法形成一个比较完整的认识;另一方面从文本的解读角度看,恩格斯把雅典国家的起源过程当作一般国家起源的典型示例,在最后一章的总结中,恩格斯很明显是"以雅典国家的形成为原型或范本"①的。因此,三个国家的起源只是三个具体的实例,而非三种"独立模式","无论马克思还是恩格斯,都没有把罗马国家的起源作为国家起源的一种独特的、不同于雅典国家的'独特模式'或'第二模式'"②,"罗马模式"这个概念在恩格斯那里并不存在。

在国家观基础上,还涉及战争观的问题,海尔曼认为,国家的历史和本质的发现对于回答另一个在当时已经很现实,而在现代也具有头等重要意义的问题,即战争根源问题,也极其有益。③恩格斯总

---

①② 林锋:《恩格斯真的提出了国家起源的"罗马模式"吗?——以〈家庭、私有制和国家的起源〉文本解读为依据》,载《教学与研究》,2006年第5期。
③ [德]约·海尔曼:《"现代社会主义的主要著作之一"——纪念恩格斯的〈家庭、私有制和国家的起源〉发表一百周年》,载中共中央党校科研办公室编:《恩格斯生平和他的理论贡献:外国学者论家庭、私有制》,中共中央党校科研办公室1986年版,第224页。

结了马克思主义当时已有的认识，并且继马克思主义历史观之后，得出了肯定的结论，即战争是一种社会经济的、政治和军事的现象，它产生于向剥削社会过渡的时期，其目的在于掠夺财富及生产资料，并奴役人们。这篇著作所阐述的认识，不仅继续发展了马克思主义的世界观及历史观，而且这些认识过去是，现在仍然是革命工人运动制定战略和策略的原则基础。

5.关于《起源》中的其他问题的研究

除了以上关于《起源》焦点问题的研究，学界还对《起源》涉及的其他问题进行了分析研究，这些研究相对比较分散，但对于我们全面认识《起源》的内容和意义具有重要的拓展意义。

首先，以田心铭为代表的一些国内学者关注到了《起源》中体现的文明思想，将《起源》看作马克思恩格斯著作中文明思想发展的最高成果，以《起源》为中心，马克思恩格斯的文明思想可以概括为文明时代论、文明动力论、文明进步论和从对抗到非对抗的文明矛盾论。具体来说，《起源》首先将"文明"的概念与"时代"联系在一起，与蒙昧时代、野蛮时代相对应；《起源》中体现的文明发展的动力是生产,"如果说氏族制度的建立主要是由人的自身的生产决定的,那么氏族制度的解体、历史向文明时代的推进则主要是由物质生活资料的生产决定的"①;《起源》在批判阶级剥削时体现了文明进步的思想,"生产的进步既是文明时代到来的根源,也是文明进步的首要表现"②;《起源》论述了"从奴隶制到资产阶级社会文明发展中的矛盾和对抗,同时预言了资产阶级社会的消灭和国家的消失"③,对抗的根源蕴含在"两种生产"的矛盾之中,马克思恩格斯通过分析现代资产阶级社会来揭露文明时代的对抗性矛盾,在《起源》之前,他们就对资产阶级社会的矛盾进行了深刻剖析,资产阶级社会生产关系是社会生产过程的最后对抗形式。因此,《起源》中体现的马克思恩格斯文明观是马克思主义科学思想体系的一部分,能够引领我们探索新的文明发展道路。

其次,关于家庭和妇女解放问题,国内外学界

---

① 田心铭:《从〈家庭、私有制和国家的起源〉看马克思恩格斯文明思想》,载《马克思主义研究》,2013年第7期。
②③ 田心铭:《从〈家庭、私有制和国家的起源〉看马克思恩格斯文明思想》,载《马克思主义研究》,2013年第7期。

对《起源》中涉及的相关理论进行了分析和研究，主要强调其对妇女解放、社会发展以及论证历史唯物主义的重要意义。有的学者从家庭入手，如汪永祥在《家庭及其发展的历史形式——读恩格斯〈家庭、私有制和国家的起源〉"家庭"一章的札记》指出，恩格斯对家庭发展历史的叙述"正是以历史唯物主义的基本原理为依据，从家庭关系与整个人类社会制度的密切联系中来加以考察的"①，同时"社会的解放，是妇女解放的前提；而妇女的解放，则是社会解放的尺度。婚姻家庭制度的革命变革和与之相联系的妇女解放问题，是无产阶级革命总任务中的一个重要部分"②。总的来看，恩格斯在《起源》中对家庭发展历史和动力的论述，是对一个社会历史现象进行具体历史考察的典型示范，"不仅驳斥了资产阶级学者用宗教神话和主观臆测来解释原始社会历史和家庭问题的种种谬论，而且用大量实际材料和科学判断，进一步证实和丰富了历史唯

---

①② 汪永祥：《家庭及其发展的历史形式——读恩格斯〈家庭、私有制和国家的起源〉"家庭"一章的札记》，载《教学与研究》1964年第1期。

物主义的基本原理"①。家庭的发展和演变与妇女解放、社会解放是密切相关的,以此为起点,学界对《起源》中涉及的妇女解放路径进行了思考和研究,有学者认为,恩格斯从人类原始社会的母权制社会过渡到父权制社会以来,妇女沦为家庭奴隶的悲惨处境中产生了对妇女的深切同情,第一个提出妇女解放是社会解放的尺度,妇女解放的先决条件是回到社会公共劳动中去这些光辉思想。《起源》对马克思主义女性理论的发展提供了重要的理论基础,恩格斯剖析了女性处于从属地位的根源,预判了未来社会两性关系的前景,提出了女性获得彻底解放的路径,指明了人类社会解决性别问题的前进方向。②

再次,关于民族问题,有的学者将摩尔根的《古代社会》与恩格斯的《起源》进行对比,指出摩尔根作为一位"自发的具有唯物主义思想的资产

---

① 汪永祥:《家庭及其发展的历史形式——读恩格斯〈家庭、私有制和国家的起源〉"家庭"一章的札记》,载《教学与研究》1964年第1期。
② 陈培永:《女性的星空——恩格斯〈家庭、私有制与国家的起源〉》,广东人民出版社2016年版。

阶级民族学家"①，其《古代社会》仅仅是马克思主义民族学的主要来源，为民族学发展为科学创造了条件，而《起源》则是对《古代社会》批判性的继承，才是马克思主义民族学的基本著作。因此，"《起源》一书的发表，是民族学发展成为科学的标志，或者说是马克思主义民族学的诞生。……民族学之发展为科学，正是马克思和恩格斯继承摩尔根的全部成果（包括前人的优秀成果）并给予发扬光大的结果"②。劳伦斯·克拉德③在《马克思和恩格斯的民族学著作的比较研究》中指出，《起源》从以下方面对民族学做出了贡献：一是恩格斯采用了马克思关于民族学的著作中的部分内容作为研究指南和规范，以具体的方式对人的科学做出了他自己的努力和贡献；二是恩格斯对民族学是持发展态度的，在《起源》中论述了各种资料和理论之间的关

---

① 杨堃：《从摩尔根的〈古代社会〉到恩格斯的〈家庭、私有制和国家的起源〉——试论马克思主义民族学和资产阶级民族学的联系和区别》，载《北京师范大学学报》（社会科学版）1978年第6期。
② 欧潮泉：《论民族学之发展为科学——纪念恩格斯〈家庭、私有制和国家的起源〉一书发表一百周年》，载《中国社会科学》1984年第4期。
③ 叶卫平著：《西方"马克思学"研究》，北京出版社1995年版，第116—117页。

系,对民族学发展至关重要;三是恩格斯得出的结论,即摩尔根的分期法只能暂时被接受,只是在尚未有重要的新资料补充到这门发展着的科学里时才有效,后来随着民族学的发展,摩尔根的分期法被证实没有维持很久。针对"到底是部落还是民族是原始社会最高形式"的问题,国内学界也展开了争论。以谢维扬[①]为代表的一些国内学者认为,部落联盟是原始社会达到的最高组织形式,国家就是从这一形式发展而来的,而之所以会形成这样一种"部落联盟模式"的认识,是因为他们普遍认为,摩尔根运用了部落联盟来解释古代希腊罗马国家的产生,并认为通过部落联盟而形成的国家是他唯一谈到过的人类早期国家形成的方式,处于原始社会末期以及(或者)原始社会从这个时期向国家转变的过渡阶段;它与大家平常谈到的军事民主制是一回事,或者说,部落联盟与军事民主制只是对同一种事物从不同角度来做的两种描述而已。以易建平为代表的学者对这种普遍看法提出了质疑,易建平在《部落联盟还是民族——对摩尔根和恩格斯有关

---

① 谢维扬:《中国早期国家》,浙江人民出版社1995年版,第121—144页。

论述的再思考》一文中指出:"在摩尔根和恩格斯的著作中,部落联盟不是原始社会的最高组织形式,民族才是它的最高组织形式,故而,人类社会包括希腊罗马早期社会是通过民族而不是部落联盟形成为国家的;此外,部落联盟与军事民主制也并不完全是一回事。"① 这篇文章发表以后,引发了学界的相关讨论,王三义在《"部落联盟模式"的由来——易建平〈部落联盟还是民族〉一文引发的思考》② 一文中,通过分析"民族"的狭义和广义概念对易建平提出的以"民族模式"来取代"部落联盟模式"的观点进行分析,指出"部落联盟模式"仍然是摩尔根和恩格斯的主要立场,只不过忽视了希腊罗马从民族过渡到国家的特殊形式,学界的一般看法是正确的,易建平的观点同样忽视了经典作家关于易洛魁人和阿兹特克人只有部落联盟而未合并成民族的论断。而后易建平在《再论"部落联盟"还是"民族"》中对这一质疑进行了回应,指出之

---

① 易建平:《部落联盟还是民族——对摩尔根和恩格斯有关论述的再思考》,载《历史研究》2003年第5期。
② 王三义:《"部落联盟模式"的由来——易建平〈部落联盟还是民族〉一文引发的思考》,载《史学理论研究》2005年第2期。

前的质疑混淆了"部落联盟"与"部落联盟模式"两个完全不同的概念,并把希腊人和罗马人国家起源的例子当作了"特例",而摩尔根与恩格斯是当作典型例子的。①

另外,还有学者分析了《起源》中体现的方法论,但分析的视角各不相同,从学科上主要涉及历史学、政治经济学、法理学等。在历史学科领域,有学者认为,恩格斯的分析展示了历史研究的符号学方法的意义,他借助摩尔根及当时人们的研究资料,运用符号学的方法,从易洛魁人的亲属关系与亲属制度的矛盾中发现了符号的能指和所指的分裂,并利用符号的互补功能,推演出古代历史的发展过程,从而还原了历史并揭示了历史发展的规律。②在政治经济学方面,邓晓芒将《起源》与《资本论》进行比较,进而分析两本著作方法论上的异同,他指出,《起源》和《资本论》在方法论的形式上确实存在不同,《资本论》比较突出的方法主要是"由抽

---

① 易建平:《再论"部落联盟"还是"民族"》,载《史学理论研究》2006年第3期。
② 李永铭:《历史研究的符号学解读——恩格斯〈家庭、私有制与国家的起源〉的方法论问题》,载《马克思主义与现实》2003年第2期。

象到具体"的方法，意在说明；而《起源》主要是"由具体到抽象"的方法，意在研究。但是，综合来看，二者都运用了综合的方法和分析的方法，这主要体现在二者均交替使用了两种方法，并将两种方法有机地融为一体。① 在法理学领域，郭宇昭认为虽然恩格斯在《起源》中没有专就法产生的原因、形成的方式以及最终形成的法所具有的特征等展开论述，他和马克思一般把法作为国家的一个从属问题进行研究，但是，《起源》依然表现出了关于法的一些基本思想，包括：法与国家一样，是随着私有制的产生才产生的，不是从来就有的，这是一个长期形成的历史演变过程；同时，法也有区别于原始氏族习惯的独特特征，即它只能反映统治者的利益和意志，是一种特殊的"强制手段"；等等。② 以徐国栋为代表的学者认为《起源》中的法学理论一直以来都被人们忽视，需要"在人类学界、历史学界已完成的理论革命引入法学，以图更新摩尔根和恩

---

① 邓晓芒：《从〈家庭、私有制和国家的起源〉与〈资本论〉的比较看科学的方法论》，载《江汉论坛》1980年第4期。
② 郭宇昭：《法不是从来就有的——学习恩格斯:〈家庭、私有制和国家的起源〉的一点体会》，载《法学研究》1983年第4期。

格斯的著作为我们提供的法学理论范式"①。喻中在《国家与法的方法论——关于〈家庭、私有制和国家的起源〉的重新理解》一文中，聚焦于《起源》中关于法律起源的观点，立足于马克思主义发展的逻辑，阐释了《起源》在马克思主义理论体系中的地位，指出"要弄通马克思主义理论与历史唯物主义方法，应当从阅读《起源》开始"②。

综上所述，国内外学界对《起源》的研究成果十分丰富，主要聚焦于写作缘起、两种生产理论、历史观、国家观、家庭观等诸多方面，一方面，学界针对其中一些有争议的问题进行分析和论证；另一方面，随着时代的发展，关于《起源》的研究成果和分析视角也不断丰富和发展。总体而言，《起源》中还有很多问题值得继续研究，也还有一些待发掘的思想资源，对以往研究成果的梳理和总结有利于以后更加系统全面地认知《起源》的理论价值和现实意义。

---

① 徐国栋：《家庭、国家和方法论：现代学者对摩尔根、恩格斯——对〈古代社会〉、〈家庭、私有制和国家的起源〉之批评百年综述》，载《法律文化研究》2006 年第 00 期。
② 喻中：《国家与法的方法论——关于〈家庭、私有制和国家的起源〉的重新理解》，载《政法论丛》2018 年第 4 期。

参考文献

1.《马克思恩格斯文集》第1卷，人民出版社2009年版。

2.《马克思恩格斯文集》第4卷，人民出版社2009年版。

3.《马克思恩格斯文选》(两卷集)第2卷，外国文书籍出版局1955年版。

4.《列宁全集》(中文第二版)第37卷，人民出版社1986年版。

5.《列宁选集》第1卷，人民出版社1995年版。

6.《列宁选集》第4卷，人民出版社1995年版。

7.《普列汉诺夫哲学著作选集》第1卷，生活·读书·新知三联书店1962年版。

8.[苏]普列汉诺夫：《论一元论历史观之发展》，博古译，生活·读书·新知三联书店1975年版。

9.[苏]罗森塔尔、尤金：《简明哲学辞典》，中共中央马克思恩格斯列宁斯大林著作编译局译，人民出版社1955年版。

10.[苏]列·阿·列昂节夫：《政治经济学》，解放社1949年版。

11.[苏]列·阿·列昂节夫：《恩格斯在马克思主义政治经济学形成和发展方面的作用》，方钢等译，中国人民大学出版社1982年版。

12.[苏]巴加图利亚：《马克思的第一个伟大发现》，中国人民大学出版社1981年版。

13.[苏]塔尔塔科夫斯基：《恩格斯〈家庭、私有制和国家的起源〉一书的创作史》，载北京图书馆马列著作研究室编：《马恩列斯研究资料汇编(1980)》，书目文献出版社1982年版。

14. [苏]古拉姆·科拉纳什维利:《摩尔根对恩格斯的影响:亚细亚社会问题》,王竞译,载《马克思主义来源研究论丛第15辑特辑马克思人类学笔记研究译文集》,商务印书馆1993年版。

15. [苏]P.M.努烈也夫:《恩格斯论原始公社制度分期的基础》,载李百玲主编:《经典作家著作研究》第4卷,中央编译出版社2014年版。

16. [德]亨利希·库诺夫:《马克思的历史、社会和国家学说》第2卷,袁志英译,商务印书馆1988年版。

17. [德]爱德华·伯恩斯坦:《关于恩格斯论家庭起源的浅见——〈家庭、私有制和国家的起源〉意文版序》(1900),载中共中央党校科研办公室编:《恩格斯生平和他的理论贡献:外国学者论家庭、私有制》,中共中央党校科研办公室1986年版。

18. [德]卡·考茨基:《自然界和社会中的增殖和发展》,载《卡·考茨基全集》1923年莫斯科—彼得格勒版第12卷。

19. [德]约·海尔曼:《〈家庭、私有制和国家的起源〉的写作过程》,高爱贺译,载李百玲主编:《经典作家著作研究》第4卷,中央编译出版社2014年版。

20. [德]约·海尔曼:《〈家庭、私有制和国家的起源〉的意义和影响》,高爱贺译,载李百玲主编:《经典作家著作研究》第4卷,中央编译出版社2014年版。

21. [德]约·海尔曼:《"现代社会主义主要著作之一"——纪念恩斯的〈家庭、私有制和国家的起源〉发表一百周年》,刘昌业译,载中共中央党校科研办公室编:《恩格斯生平和他的理论贡献:外国学者论家庭、私有制》,中共中央党校科研办公室1986年版。

22. [德]埃迪塔·纳格尔:《关于〈家庭、私有制和国家的起源〉一书产生的历史及其在德国的出版(1884—1984)》,载中共中央党校科研办公室编:《恩格斯生平和他的理论贡献:外国学者论家庭、私有制》,中共中央党校科研办公室1986年版。

23.[德]坎普夫迈尔:《第二十三版〈家庭、私有制和国家的起源〉的序言》,载中共中央党校科研办公室编:《恩格斯生平和他的理论贡献:外国学者论家庭、私有制》,中共中央党校科研办公室1986年版。

24.[德]东克尔:《〈家庭、私有制和国家的起源〉—引言》,王亚汶译,载中共中央党校科研办公室编:《恩格斯生平和他的理论贡献:外国学者论家庭、私有制》,中共中央党校科研办公室1986年版。

25.[德]汉斯—彼得·哈斯蒂克:《恩格斯〈家庭、私有制和国家的起源〉在亲笔遗稿中的反映——有关成书过程和科学史的序言》,王林、闻文等译,载《马克思主义来源研究论丛第15辑马克思人类学笔记研究译文集》,商务印书馆1993年版。

26.[美]劳伦斯·克拉德:《马克思和恩格斯在民族学著作方面的比较(一)》,莫立知译,载李百玲主编:《经典作家著作研究》第4卷,中央编译出版社2014年版。

27.[美]劳伦斯·克拉德:《马克思和恩格斯在民族学著作方面的比较(二)》,莫立知译,载李百玲主编:《经典作家著作研究》第4卷,中央编译出版社2014年版。

28.[美]劳伦斯·克拉德:《作为人类学家的马克思》,载《纽约科学院学报》第2类第35卷第4期。

29.[美]诺曼·莱文:《马克思和恩格斯思想中的人类学》,林强译,载《马克思主义来源研究论丛第15辑特辑马克思人类学笔记研究译文集》,商务印书馆1993年版。

30. [英]莫里斯·布洛克:《马克思主义与人类学》,冯利等译,华夏出版社1988年版。

31. [英]戴维·麦克莱伦:《恩格斯传》,臧峰宇译,中国人民大学出版社2017年版。

32. [英]埃里克·霍布斯鲍姆:《如何改变世界——马克思和马克思主义的传奇》,中央编译出版社2014年版。

33. [日]河上肇:《唯物史观研究》(上),何嵩龄译,商务印书馆1926年版。

34. [日]上野俊树:《〈家庭、私有制和国家的起源〉的当代意义》,周铁山译,载中共中央党校科研办公室编:《恩格斯生平和他的理论贡献:外国学者论家庭、私有制》,中共中央党校科研办公室1986年版。

35. 黄楠森等主编:《〈马克思主义哲学史〉第3卷马克思主义哲学在巴黎公社后的传播和发展》,北京出版社1991年版。

36. 黄楠森主编:《马克思主义哲学史》,高等教育出版社1998年版。

37. 陈先达:《走向历史的深处——马克思历史观研究》,上海人民出版社1987年版。

38. 洪韵珊:《恩格斯晚年思想研究》,华中师范大学出版社1988年版。

39. 鲁克俭:《国外马克思学研究的热点问题》,中央编译出版社2006年版。

40. 朱传棨:《恩格斯哲学思想研究论稿》,人民出版社2012年版。

41. 徐琳:《恩格斯哲学思想研究》,北京出版社1985年版。

42. 徐琳、唐源昌主编:《恩格斯与现时代——兼评"西方马克思主义"和西方"马克思学"》,中国人民公安大学出版社1994年版。

43. 吴家华、任瞳、侯衍社:《马克思恩格斯思想比较研究》,中国人民大学出版社2015年版。

44. 吴家华：《理解恩格斯：恩格斯晚年历史观研究》，安徽大学出版社2005年版。

45. 胡大平：《回到恩格斯：文本、理论和解读政治学》，江苏人民出版社2011年版。

46. 叶卫平：《西方"马克思学"研究》，北京出版社1995年版。

47. 徐亦让：《两种生产问题的探讨——论唯物史观的基础》，中国社会科学出版社1983年版。

48. 涂赞琥：《恩格斯家庭·氏族和国家理论的研究》，武汉大学出版社1986年版。

49. 汪永祥、李德良、徐吉升编著：《〈家庭、私有制和国家的起源〉讲解》，中国人民大学出版社1986年版。

50. 艾福成：《马克思晚年对历史唯物主义的发展》，载李百玲主编：《经典作家著作研究》第4卷，中央编译出版社2014

51. 年版。

52. 张奇方：《马克思晚年"人类学笔记"的启示》，载李百玲主编：《经典作家著作研究》第4卷，中央编译出版社2014年版。

53. 陈培永：《女性的星空——恩格斯〈家庭、私有制与国家的起源〉》，广东人民出版社2016年版。

54. 吴江：《解读〈家庭、私有制与国家的起源〉》，吉林出版社2013年版。

55. 谢维扬：《中国早期国家》，浙江人民出版社1995年版。

56. 莫·弗·巴尔托林：《关于恩格斯的著作"家庭、私有制和国家的起源"》，毛天祜译，载《教学与研究》1956年第6、7期。

57. 梅荣政、阳黔花:《历史唯物主义发展的丰碑(一)——〈家庭、私有制和国家的起源〉研读》,载《思想理论教育导刊》2010年第4期。

58. 梅荣政、阳黔花:《历史唯物主义发展的丰碑(二)——〈家庭、私有制和国家的起源〉研读》,载《思想理论教育导刊》2010年第7期。

59. 孙美堂:《关于"两种生产"真正含义的辨析》,载《东岳论丛》1986年第3期。

60. 朱法贞:《"两种生产"涵义再辨析——与孙美堂同志商榷》,载《东岳论丛》1987年第3期。

61. 徐亦让:《"两种生产"原理为什么不是"二元论"》,载《哲学研究》1980年第9期。

62. 徐若木:《内种生产和两个转变——马克思"古代社会史笔记研究"》,载李百玲主编:《经典作家著作研究》第4卷,中央编译出版社2014年版。

63. 马柏元、张彦修:《关于两种生产理论的思考——学习〈家庭、私有制和国家的起源〉》,载《河南师范大学学报》(哲学社会科学版)1992年第1期。

64. 辛向阳:《〈家庭、私有制和国家的起源〉中的国家理论及其思想意义》,载《思想理论教育导刊》2015年第7期。

65. 田心铭:《从〈家庭、私有制和国家的起源〉看马克思恩格斯文明思想》,载《马克思主义研究》2013年第7期。

66. 杨堃:《从摩尔根的〈古代社会〉到恩格斯的〈家庭、私有制和国家的起源〉——试论马克思主义民族学和资产阶级民族学的联系和区别》,载《北京师范大学学报》(社会科学版)1978年第6期。

67. 刘洪康:《论两种生产原理》,载《经济学家》1990年第1期。

68. 王贵明：《生产概念和两种生产在历史上的作用及相互关系》，载《哲学研究》1980年第6期。

69. 王建民：《马克思主义"两种生产"理论的现实指导意义》，载《财经研究》1982年第4期。

70. 邓晓芒：《从〈家庭、私有制和国家的起源〉与〈资本论〉的比较看科学的方法论》，载《江汉论坛》1980年第4期。

71．王樵：《也谈原始社会的发展规律与恩格斯的"两种生产说"——与杨堃先生商榷》，载《北京师范大学学报》1980年第5期。

72. 赵家祥：《澄清对"两种生产"理论的误解》，载《北京大学学报》（哲学社会科学版）2009年第5期。

73. 易建平：《部落联盟还是民族——对摩尔根和恩格斯有关论述的再思考》，载《历史研究》2003年第5期。

74. 易建平：《再论"部落联盟"还是"民族"》，载《史学理论研究》2006年第3期。

75. 王三义：《"部落联盟模式"的由来——易建平〈部落联盟还是民族〉一文引发的思考》，载《史学理论研究》2005年第2期。

76. 欧潮泉：《论民族学之发展为科学——纪念恩格斯〈家庭、私有制和国家的起源〉一书发表一百周年》，载《中国社会科学》1984年第4期。

77. 汪永祥：《家庭及其发展的历史形式——读恩格斯〈家庭、私有制和国家的起源〉"家庭"一章的札记》，载《教学与研究》1964年第1期。

78. 章力：《对历史唯物主义原理必须历史地理解——评关于恩格斯两种生产理论的争论》，载《马克思主义研究》1984年第2期。

79. 崔新京：《两种生产理论的哲学探讨》，载《辽宁大学学报》1990年第6期。

80. 罗月婵:《"两种生产"视域下的马克思主义妇女解放理论——重读〈家庭、私有制和国家的起源〉》,载《求索》2012年第7期。

81. 谌中和:《两种生产的历史观与工业时代的未来——一种基于"中国道路"的世界历史思想》,载《江海学刊》2017年第5期。

82. 林锋:《"两种生产—体论"究竟是不是恩格斯的思想——基于〈家庭、私有制和国家的起源〉的文本解读》,载《东岳论丛》2018年第1期。

83. 林锋:《恩格斯真的提出了国家起源的"罗马模式"吗?——以〈家庭、私有制和国家的起源〉文本解读为依据》,载《教学与研究》2006年第5期。

84. 郭宇昭:《法不是从来就有的——学习恩格斯:〈家庭、私有制和国家的起源〉的一点体会》,载《法学研究》1983年第4期。

85. 徐国栋:《家庭、国家和方法论:现代学者对摩尔根、恩格斯——对〈古代社会〉、〈家庭、私有制和国家的起源〉之批评百年综述》,载《法律文化研究》2006年第00期。

86. 喻中:《国家与法的方法论——关于〈家庭、私有制和国家的起源〉的重新理解》,载《政法论丛》2018年第4期。

87. 刘光溪:《马克思主义观与突破所有制误区——读〈家庭、私有制与国家的起源〉》,载《科学社会主义》2012年第5期。

88. 李永铭:《历史研究的符号学解读——恩格斯〈家庭、私有制与国家的起源〉的方法论问题》,载《马克思主义与现实》2003年第2期。